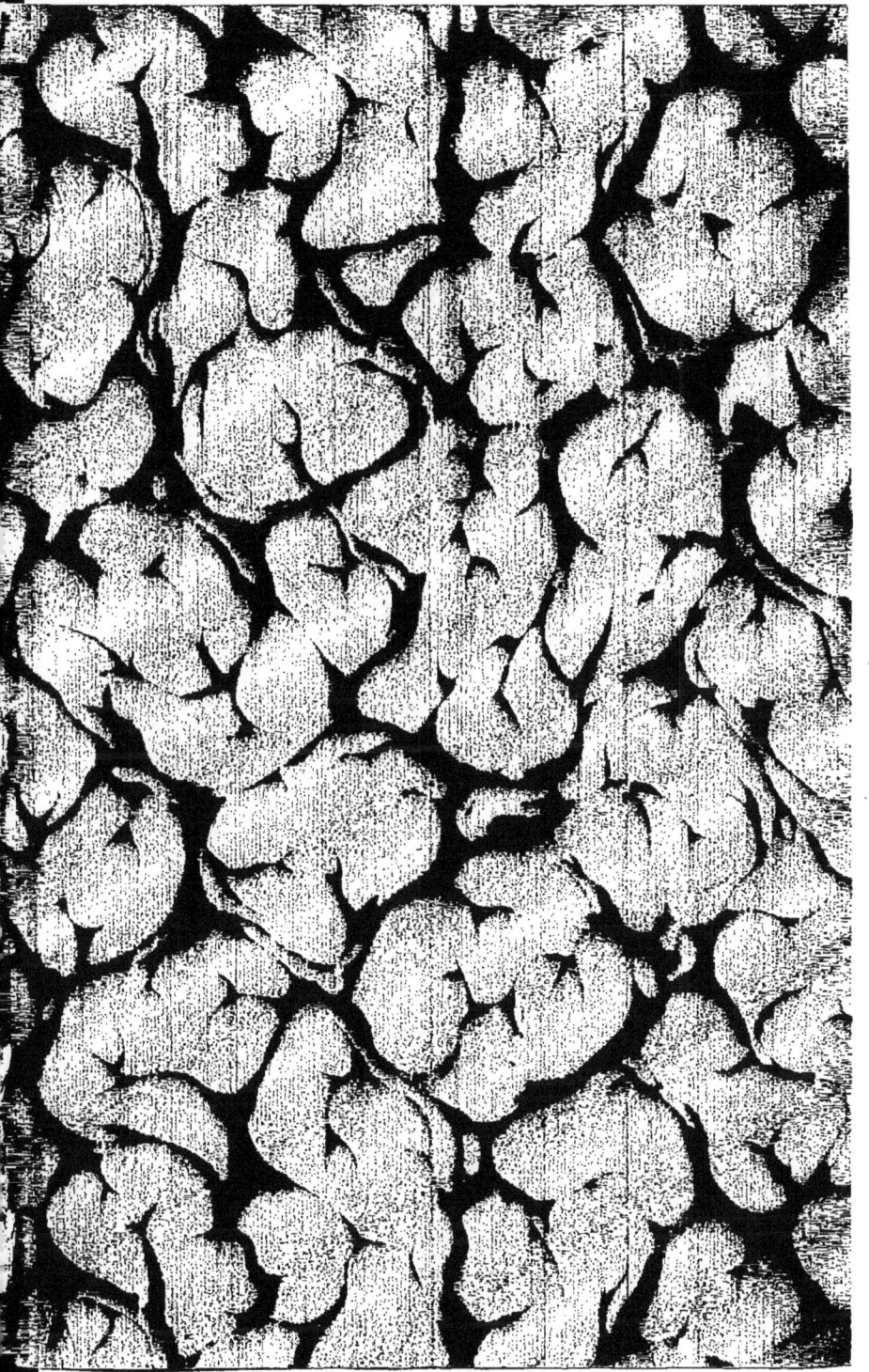

AMERTENS REL

PRIX : 60 centimes

Jules GROS

LES DERNIERS
PEAUX-ROUGES

PARIS
Ernest FLAMMARION, Éditeur
26, rue Racine, 26.

LES DERNIERS PEAUX-ROUGES

EN VENTE CHEZ LE MÊME ÉDITEUR

OUVRAGES DE JULES GROS

La Nouvelle Calédonie. — Mouffetard Ire, 1 vol. in-12 . . . . 3 50

Monsieur et madame Mouffetard a travers l'Océanie. 1 vol. in-12. . . . . 3 50

Un Volcan dans les glaces. 1 vol. in-16 . . . . » 60

L'homme fossile. 1 vol. in-16 . . . . » 60

Émile Colin, — Imp. de Lagny

JULES GROS

LES DERNIERS
PEAUX-ROUGES

PARIS

ERNEST FLAMMARION, ÉDITEUR

26, RUE RACINE, PRÈS L'ODÉON

Tous droits réservés.

LES
DERNIERS PEAUX-ROUGES
DU NORD-AMÉRIQUE

I

UNE ATTAQUE NOCTURNE

Au milieu d'un paysage sauvage et sur les bords d'une rivière rapide coulant ses eaux claires avec fracas sur un lit de rochers, trois hommes assis sur une partie gazonnée, et cachés par des massifs de saules et de trembles, s'entretenaient à voix basse, avec cette prudence que commandent les éternels dangers dont sont menacés les coureurs des bois; ils semblaient tenir conseil.

Plus bas, au pied même du promontoire qui leur servait de siège, un quatrième personnage, plongé jusqu'à mi-jambes dans l'eau courante du fleuve, lançait dans les flots et retirait alternativement une ligne avec laquelle il ramenait sur la berge et entravait sur les joncs du rivage une multitude de ces gros saumons qui constituent une des fortunes du nord-amérique et qui sont si nombreux dans les rivières arctiques que, d'après des récits authentiques, d'un seul coup de senne, on en prend de trois à quatre mille.

Les allures et les costumes de ces divers personnages étaient si remplis de contrastes bizarres qu'avant d'écouter leur conversation, il convient pensons-nous, de les peindre au moins sommairement.

L'un des trois discoureurs était un homme d'environ cinquante ans, au teint basané, à la haute stature, maigre et ridé, mais portant sur tous les traits de son visage l'image de l'énergie et de la décision. Son costume de peau d'ours, avec le poil en dehors, sa casquette de peau de loutre, une carnassière-sac portée en bandoulière avec une poire à poudre, une gourde et un sac à plomb; sa longue carabine qu'il tenait entre ses jambes et qu'il caressait de la main, comme une amie dont on ne saurait se séparer; ses guêtres de cuir, soigneusement bouclées sur le côté, tout jusqu'à ses grosses chaussures de montagne, indiquait au premier coup d'œil un de ces intrépides coureurs des bois qu'aucun danger n'épouvante et qui s'en vont sans frémir tendre leurs pièges et chasser les fauves dans les forêts les plus profondes, dans les prairies les plus désertes, sur les cours d'eau, aussi bien que sur les pics les plus élevés. Et en effet, Guillaume Novet, c'est ainsi qu'on le nommait, était un trappeur français né au Canada, descendant d'un des anciens conquérants de cette riche contrée, et qui, depuis sa plus tendre enfance, avait appris à se mesurer contre les hommes, les animaux et toutes les forces de la nature.

A la droite de Guillaume Novet se trouvait un jeune homme de vingt-cinq ans environ, habillé à la mode européenne, et tenant à la main une carabine de chasse sur le canon de laquelle est gravé le nom du célèbre armurier parisien, M. Fauré-Lepage. Emile Levêque était un beau garçon, aux manières élégantes et polies, et dont la présence en ces lieux sauvages semblait, dès l'abord, au moins singulière.

Enfin, à la gauche du vieux trappeur se trouvait assis, dans la position d'un ouvrier tailleur français sur son établi, un guerrier indien qu'à son costume il était aisé au premier coup d'œil de reconnaître comme un chef.

Cet homme, d'une haute stature, était admirablement conformé; la statuaire antique n'avait jamais rêvé des formes plus parfaites et un peintre ou un sculpteur européen eussent été heureux de pouvoir faire poser dans leur atelier un semblable modèle. Sur ses épaules on voyait agrafé un long manteau, taillé dans une peau de bison sur laquelle étaient peintes les batailles auxquelles il avait pris part. Sa tunique et ses guêtres étaient en peau de daim; là se révélait encore le sentiment artistique des femmes de sa tribu : des broderies en ornaient les coutures et étaient faites avec des piquants de porc-épic et des chevelures scalpées formant des franges. Les mocassins, sorte de chaussure en peau non tannée, faits de la dépouille de cerfs ou de daims, aussi admirablement brodés en poil de porc-épic. De la main droite il tenait sa lance ornée d'une touffe de cheveux arrachée au crâne d'un ennemi, et sa coiffure, formée de plumes d'aigle et de peau d'hermine, tombait jusqu'à terre. Elle était surmontée d'une paire de cornes de bison, insigne de son rang de chef de tribu.

Il s'appelait l'*Œil-de-Lynx* et commandait une puissante tribu des Assiniboines, ou Sioux des prairies.

La conversation, pour être faite à mi-voix, n'en semblait pas moins animée, et il suffisait de prêter l'oreille pour s'apercevoir que le sujet qui s'agitait était du plus haut et du plus puissant intérêt.

— Mon père le grand chef, dit le trappeur Guillaume, croit-il donc que nous sommes arrivés dans la région qu'occupent nos ennemis et que, si d'une part nous approchons du but que nous poursuivons, il importe, d'un autre côté, de redoubler désormais de prudence, si nous ne voulons laisser notre vie et nos chevelures au pouvoir des corbeaux?

— Qu'importe l'existence, interrompit avec une certaine animation le jeune Emile Levêque, si nous ne devons pas rentrer en possession de l'inestimable trésor que ces brigands nous ont dérobé!

Le vieux trappeur se mit à sourire, mais le chef sauvage garda cette grave attitude qui est l'essence même du caractère des guerriers indiens. Il resta silencieux et ce fut Guillaume Novet qui répondit au jeune Français.

— Vous parlez bien légèrement, jeune homme, dit-il, de perdre la vie et d'être scalpé par les ennemis; je reconnais là l'ardeur d'un amoureux qui désire avant tout rentrer en possession de la fiancée qu'on lui a ravie; mais comme le chef et moi ne sommes pas amoureux, vous trouverez bon que nous tâchions le plus possible de mettre à l'abri nos existences et même la vôtre. Donc, gardez votre ardeur pour le moment du péril et laissez ceux qui sont plus expérimentés que vous, tenir conseil.

— Mon frère, le *Porteur-de-Foudre*, a parlé avec sagesse, fit gravement le chef sioux, en s'adressant au chef canadien, qu'il avait ainsi surnommé à cause de la précision incroyable avec laquelle le trappeur savait se servir de sa carabine ; — les jeunes hommes doivent écouter l'avis des sages qui tiennent conseil et ne dire leur pensée que lorsqu'on les interroge.

Le jeune Français ne se montra nullement froissé de cette double leçon de morale ; il se contenta de sourire légèrement, puis il retomba dans sa rêverie et resta absolument étranger dès ce moment à la conversation engagée entre ses deux compagnons.

Le chef indien continua, et d'une voix lente et monotone, il prononça ces paroles :

— Que mon père, le Porteur-de-Foudre, déploie dès à présent toute sa sagesse et toute son expérience. Nous entrons en effet sur le territoire ennemi ; chaque tronc d'arbre, chaque rocher, chaque buisson peut cacher un espion ; et si notre marche est découverte, non seulement notre vie est en péril, mais encore, si nous réussissons à échapper à la poursuite de nos adversaires, nous devrons à jamais renoncer à notre entreprise. Je ne sais quel but a poursuivi le *Carcajoux* en enlevant ma sœur la *Rose-en-Bouton*, et quelle colère si grande anime le puissant chef des Corbeaux contre les visages pâles pour l'avoir déterminé à ce rapt audacieux. Ce que je sais, c'est que le Carcajoux est un guerrier redouté, qu'il commande à de nombreux sujets et que les Corbeaux, qui étaient les alliés de ma tribu, sont de redoutables adversaires.

— Que mon frère l'Œil-de-Lynx me dise donc de quel plan d'attaque il nous convient d'user, demanda le vieux trappeur, employant à dessein la forme imagée de son compagnon le chef sioux.

— Il faut avant tout savoir où le Carcajoux a caché notre sœur la Rose-en-Bouton, puis deviner quel motif a pu le décider à l'emmener dans sa tribu; enfin, il faut nous efforcer de la dérober à la surveillance dont il l'entoure sûrement et de la ramener à sa famille, sans laisser surprendre ou deviner notre piste.

— Diable! Diable! murmura entre ses dents le Canadien, voilà toute une série de problèmes qui ne me paraissent pas être d'une solution facile. Pourtant, puisque mon frère croit que c'est la ligne de conduite qu'il est nécessaire de suivre, nous nous efforcerons de ne pas nous en écarter.

— Si mon frère le Porteur-de-Foudre était seul avec moi et *le Raton*, dit le guerrier indien, je répondrais presque du succès de notre entreprise ; mais pourquoi mon frère a-t-il insisté pour nous adjoindre le jeune Français et surtout notre père le médecin, auquel le Grand-Esprit semble avoir enlevé la raison, en lui accordant le don de guérir les maux des hommes. Ces deux compagnons de route nous causeront plus d'un tracas, je le prévois, et j'ai grand'peur de voir nos efforts anéantis à cause de leur inexpérience.

Le jeune rêveur, resté jusqu'alors étranger à la conversation, sembla sortir tout à coup de sa torpeur ; il releva la tête subitement.

— Si mon frère, le grand chef, croit que mon oncle et moi puissions être un obstacle à la réussite de notre entreprise, nous resterons ici et nous attendrons votre retour.

— Mon frère est jeune et parle sans réfléchir, répliqua l'Œil-de-Lynx, sans cela il n'aurait pas exprimé une pensée inapplicable. Il oublie que nous sommes sur le terrain ennemi et que tous les dangers du monde nous environnent. Il y a d'une part les bêtes féroces qui errent dans les bois, les ours gris ou noirs, les loups, les lynx, les panthères, les caribous et les carcajoux; d'un autre côté, il y a l'œil infaillible, la flèche rapide des Indiens, le tomahawk tranchant qui ne manque jamais le but, et le couteau à scalper, qui ne tarderait pas à faire passer les chevelures de vos têtes à la porte d'un des wigwams des ennemis.

— C'est bien, dit docilement le jeune homme, je ferai ce que vous voudrez et m'efforcerai de ne pas être pour vous une trop lourde charge.

Le Canadien crut devoir intervenir à son tour.

— Notre jeune frère a bien parlé, dit-il, et s'il a eu tort de vouloir venir à la recherche de sa cousine et de sa fiancée, et aussi de se laisser suivre par son oncle, sous le prétexte que c'est le père de celle qu'il aime, c'est à nous de suppléer à leur inexpérience.

A ce moment même un bruit de branches brisées fit frissonner les trois interlocuteurs qui saisirent vivement leurs armes et tournèrent la tête du côté où ce frôlement s'était fait entendre.

La vue du personnage qui avait été cause de cette alerte les rassura.

Le nouveau venu s'approcha du groupe, portant à la main quelque chose d'une forme singulière et qui semblait absorber toute son attention. Il s'approcha du chef sauvage, et lui tendant l'objet qu'il tenait :

— Que diable cela peut-il bien être? demanda-t-il.

Œil-de-Lynx, après avoir examiné cet objet pendant quelques instants :

— C'est la médecine de guerre de Carcajoux, dit-il ; où avez-vous trouvé cela ?

— C'était suspendu aux branches d'un bouleau blanc, dans l'intérieur de la forêt, au milieu d'une clairière : ce ne sera pas, ce me semble, un des objets les moins curieux de ma collection ethnographique.

— Il s'agit bien de collection, s'écria le chef sioux. Les Corbeaux sont sur notre piste, ils nous déclarent la guerre. Alerte ! et mettons rapidement le fleuve entre eux et nous.

Il fit alors entendre un coup de sifflet composé d'une note aiguë suivie d'une sorte de trémolo.

Aussitôt on vit le pêcheur sioux, son compagnon, ployer sa ligne au bord de l'eau et disparaître au milieu des joncs qui formaient une ceinture au fleuve.

Il en sortit bientôt monté dans une longue barque en écorce qui y était cachée et aborda la rive. Les quatre amis descendirent hâtivement le long des berges rapides et s'embarquèrent sur le frêle esquif qui ne tarda pas à gagner la rive opposée.

— C'est bien, dit Œil-de-Lynx, il ne nous reste plus qu'à camper dans un endroit couvert et à faire bonne garde.

— Voici un bouquet de saules qui me paraît fait exprès pour assurer notre sécurité, dit le Canadien Guillaume. De là, même si la nuit devenait aussi noire qu'un four, nous pourrons observer la surface du fleuve sans qu'il soit possible à nos ennemis de se douter de notre présence.

On se réfugia en effet dans le massif d'un vert blanchâtre où se trouvait un petit espace vide où l'on pouvait s'établir et dominer du regard toute l'étendue du cours d'eau, qui n'avait pas à cet endroit moins de cinq cents mètres de large.

— Ne serait-ce pas le cas d'allumer un bon feu et d'y faire rôtir quelques-uns de ces superbes saumons de Hearne, *salmo Hearnii*, que nous devons à l'incomparable adresse de notre compagnon *le Raton?* demanda le docteur qui ne négligeait aucune occasion de faire parade de son érudition.

— Non! non! pas de feu! s'écria d'un ton de commandement qui ne souffrait pas de réplique le prudent Œil-de-Lynx. Rien ne doit ici révéler notre présence.

Le soleil, qui était arrivé au bout de sa course, disparut derrière l'horizon : le crépuscule succéda au jour, puis la nuit au crépuscule. Cette nuit se présentait claire et tout étoilée : chacun s'enveloppa de son mieux dans ses vêtements et se coucha sur le sol, dont un épais gazon faisait une couchette suffisamment moelleuse.

Raton seul s'avança en rampant jusqu'à la lisière du massif de saules, tenant sa lance de la main gauche, et la main droite sur la corde de son arc. Il se mit en position d'observer attentivement la rive opposée du fleuve.

Les quatre compagnons, vaincus par la fatigue, dormaient déjà d'un sommeil paisible, quand un coup de sifflet, imitant d'ailleurs à s'y méprendre le cri nocturne du hibou à longues oreilles, — *Strix Otus*, comme s'empressa de dire le docteur réveillé en sursaut, — vint réveiller la petite caravane. Tous les yeux se dirigèrent du côté où le signal s'était fait entendre. Horreur! ils aperçurent à quelques pas d'eux toute une famille d'énormes ours gris, comprenant le père, la mère et trois petits encore en bas âge. La mère accroupie avait autour d'elle ses trois nourrissons; le père, debout, marchait les bras en avant et déployant ses formidables griffes qui n'avaient pas moins de dix centimètres de longueur, à la rencontre de Raton qui, la lance en avant et fièrement campé sur ses jambes nerveuses, l'attendait de pied ferme. Toutes les carabines se portèrent à l'épaule; seul le docteur considérait ce spectacle d'un œil indifférent et murmura entre ses dents :

— *Ursus ferox*, tribu des plantigrades, famille des carnivores.

II

UN SCALP SINGULIER

La situation était des plus critiques. Le *grizly* qui avait attaqué l'intrépide Raton atteignait, nous l'avons dit, des proportions énormes; d'autre part, un hasard fatal faisait que le corps du sauvage, compagnon d'Œil-de-Lynx, formait un véritable bouclier à l'hôte féroce de la forêt et paralysait complètement l'effet qu'on avait le droit d'attendre des carabines.

Tout à coup le grand chef des Assiniboines fit un signe à ses compagnons et leur commanda impérieusement de mettre bas les armes.

Ceux-ci obéirent non sans hésiter, et Œil-de-Lynx, quittant le poste qu'il avait occupé jusque-là, s'avança hardiment, son arc d'une main et sa lance de l'autre, vers le lieu du combat.

Il était temps d'apporter secours au malheureux Raton. L'ours, frappé de plusieurs coups d'épieu, se précipitait, à chaque blessure reçue, avec une ardeur nouvelle sur son ennemi. Emporté par sa férocité, il s'était jeté sur le sauvage avec une telle impétuosité que la lance de bois de fer avait pénétré profondément dans la poitrine du monstre et s'était brisée à la moitié de sa longueur, laissant le pauvre sauvage armé seulement d'un impuissant tronçon.

Œil-de-Lynx fit un bond vers la droite des combattants, et au moment même où le grizly, dominant son ennemi de toute sa tête, l'entourait de ses bras nerveux et allait l'étouffer dans cet embrassement terrible, une flèche partit en sifflant de l'arc du chef et vint entrer profondément dans l'œil de l'affreuse bête. Celle-ci lâcha alors son premier ennemi et, malgré le sang qui coulait de toutes ses plaies, se retourna vers le nouvel assaillant.

La femelle seulement alors secoua sa torpeur, se leva lentement et, laissant ses petits couchés à l'écart, s'avança sur le lieu du combat. Mais un troisième combattant avait surgi et venait au secours des deux vaillants sauvages. C'était le Canadien Guillaume qui guettait les mouvements de la mère ourse et qui se présenta devant elle n'ayant à la main d'autre arme qu'un long couteau de chasse à la lame épaisse et solide. Il lui plongea cette arme dans les flancs. La bête fauve poussa un rugissement de douleur et, se dressant sur ses pieds de derrière, se jeta avec rage sur son ennemi, désireuse de l'étouffer de son poids formidable. Le rusé chasseur fit un bond de côté, avec toute l'adresse d'un clown consommé, et revenant à la charge avant que l'énorme bête eût eu le temps de se retourner, lui enfonça de nouveau sa terrible lame dans le flanc.

C'en était fait dès lors des fauves, car le mâle,

attaqué par deux adversaires, venait de succomber sous leurs coups, et ses vainqueurs, accourant à l'aide de leur compagnon, ne tardèrent pas à porter à la mère ourse le coup de la mort.

— Mon fils est-il blessé? demanda alors Œil-de-Lynx à son compagnon sauvage.

— Moins que rien, répondit Raton, quelques égratignures à peine.

— Et mon frère le Porteur-de-Foudre? interrogea encore le chef se tournant vers le trappeur.

— Moi! reprit celui-ci, allons donc! Penses-tu, chef, qu'un homme comme moi, armé d'un couteau comme celui-ci, puisse rien avoir à craindre de cette grosse bête stupide!

En disant ces mots, le Canadien essuya sur le gazon la lame de son couteau de chasse et le remit soigneusement dans son fourreau.

— Que va-t-on faire de ces trois petits? dit alors Raton.

— Les étrangler sans plus tarder, ordonna le chef; demain nous les ferons cuire devant un feu clair, et vous me remercierez du repas que je vous aurai préparé.

Les ordres d'Œil-de-Lynx ayant été suivis, chacun alla rejoindre son poste, et tous ne tardèrent pas à dormir de nouveau.

Seul, le chef, reprenant la place de Raton, veilla jusqu'au jour à la sûreté de ses compagnons.

Cependant le jeune Emile Levêque essayait inutilement d'appeler le sommeil; il s'indignait de l'inactivité dont le chef lui avait fait un devoir pendant le combat; il se rapprocha de son oncle.

— Dormez-vous? demanda-t-il.

— Oui, mais qu'est-ce que tu veux?

— Mon cher oncle, ne trouvez-vous pas absurde le rôle qu'on nous a fait jouer? Ces gens nous croient lâches et incapables de nous défendre.

— Baste, baste, tu m'ennuies avec tes récriminations. Laisse-moi dormir et, si je ne me trompe, les occasions de montrer ton courage et ton savoir-faire ne te manqueront pas.

Dès que l'aube apparut, Œil-de-Lynx vint doucement secouer les dormeurs.

— Allons! allons! debout! dit-il.

Chacun obéit sans répondre.

— Vite à la barque! commanda le chef, et remontons le fleuve en nous tenant le plus près possible des roseaux de la rive opposée. Ils nous cacheront aux yeux de nos ennemis, et si, ce soir, nous parvenons à atteindre les rapides, nous avons grande chance d'approcher du but de notre voyage, car je connais là un lieu où nos ennemis ne viendront pas nous dépister.

Le plan d'Œil-de-Lynx fut suivi à la lettre pendant une partie de la journée. La barque légère, malgré le courant, sous l'impulsion des vigoureux coups de rame de Raton, volait à la surface du fleuve, et il était à peine quatre heures de l'après-midi quand on aperçut à deux kilomètres au plus de distance le bouillonnement des eaux du rapide.

— Nous pouvons aborder là et nous y reposer une heure, dit le chef des Assiniboines. Seulement, que mes frères les visages pâles me promettent, pendant mon absence, de ne point s'écarter et de ne commettre aucune imprudence.

— Le grand chef veut nous quitter? demanda le trappeur Guillaume.

— Oui! il importe que je sache si nos ennemis sont près d'ici. C'est leur situation qui décidera des mesures que nous devrons prendre à l'avenir.

Pendant que l'Œil-de-Lynx s'éloignait de ses compagnons débarqués sur la rive et qui profitaient de cet arrêt pour manger un peu de biscuit et de pémikan, nous dirons quelques mots du docteur Bernard, qui est appelé à jouer dans la suite de ce récit un rôle aussi important que singulier.

Le docteur était, au physique, un homme très élancé et d'une maigreur extrême; sa taille de six pieds, ses grands bras, terminés par de longues mains osseuses, ses hautes jambes grêles, qui rappelaient celles des hérons, ne contribuaient pas peu à lui donner un aspect étrange. En le regardant avec son ventre rond, la seule partie un peu proéminente de sa personne, on pensait, malgré soi, à ces grands faucheux qui courent sur le sol qu'ils arpentent de leurs longues pattes. Son costume était non moins bizarre que sa personne : sa tête s'abritait sous un chapeau à ailes d'une largeur démesurée sous lesquelles descendait une forêt de cheveux plats trop noirs pour faire partie intégrante du vieux docteur. Son buste, entouré d'une sorte d'ample paletot en fourrure, lui donnait un aspect hirsute du dernier comique. Ce vêtement était d'ailleurs couvert de poches auxquelles étaient attachés toute sorte d'instruments aux allures bizarres : boîtes en fer-blanc, flacons de formes diverses, filets à papillons, etc., etc.

C'est que le docteur n'était pas moins étrange au

moral qu'au physique. Collectionneur enragé, tout lui semblait digne de figurer dans ses collections qui passaient déjà depuis longtemps en Europe pour être les plus riches du monde : collections d'histoire naturelle, de botanique, de géologie, de numismatique, d'ethnographie, sans compter des collections de livres, de tableaux, de vieux meubles, d'objets d'art et de toute sorte d'antiquités. Quand il revenait d'une course lointaine, il était chargé d'une quantité de choses étranges : papillons piqués sur son vaste chapeau, peaux d'oiseaux et peaux d'animaux pendant de tous côtés, coquillages, fossiles, squelettes d'oiseaux ou de souris extraits d'une fourmilière, objets de toute nature provenant des habitations qu'il avait visitées, etc.

A peine le chef des Assiniboines se fut-il éloigné du petit campement que le docteur, toujours furetant et herborisant, s'écarta sans s'en apercevoir du lieu où reposaient ses compagnons. Ceux-ci, habitués à ses excursions, ne s'inquiétèrent pas outre mesure de son absence. Ordinairement il restait tout près du campement ; on savait d'ailleurs que toute remontrance au sujet de ces fugues eût été absolument inutile.

Donc, le bon docteur s'en allait, recueillant des échantillons de la flore de cette région boisée ; il enferma précieusement dans sa boîte de botanique des branches de pin rouge, *Pinus resinosa*, de pin blanc, *Pinus strobus*, de cyprès, *Pinus banksiana*, et de toute la série de conifères qui poussent dans ces impénétrables forêts, le sapin, l'épinette blanche, noire, grise ou rouge, le cèdre blanc et le cèdre rouge, le genévrier commun, qu'il étiqueta soigneusement : *Juniperus Virginiana*. Il continua sa moisson par les plantes de la famille des « cupitifères », chênes et noisetiers ; puis il récolta les « salicées », saules, trembles, peupliers. Vint le tour des « bétulacées » qui comprennent les bouleaux et les aunes ; puis celui des « ulmacées » ou ormes, des « aléacées » ou frênes, des « acérinées » ou érables, des « liliacées » ou tilleuls, des « cornées (qu'en langue vulgaire on appelle des osiers), des « vitacées » ou vignes et des « rosacées », qui ne comprennent pas seulement les rosiers, mais encore, par une bizarrerie scientifique, les pruniers, les merisiers, les cerisiers, le thé canadien, les framboisiers, les ronces, les corniers et même l'humble plante qui produit la fraise des bois.

Nous ne poursuivrons pas cette nomenclature qui se compose encore des « grosulacées » où groseilliers, des « caprifoliacées » ou chèvrefeuilles, des « éricacées » thés, mûres et bluets, etc. ; mais nous nous contenterons de dire que, poursuivant sa chasse fructueuse, le docteur s'aventura si bien dans la forêt que, quand il songea au retour, il ne sut plus du tout quelle route il devait suivre, et, comme tous les gens qui n'ont pas remarqué le chemin qu'ils ont suivi, il s'égara de plus en plus.

L'inquiétude ne tarda pas à le gagner, car il savait combien ses compagnons avaient de prudence à garder pour arriver au but qu'ils s'étaient proposé d'atteindre ; il réfléchit à la générosité de ces hommes qui, dans l'unique intention de lui être utiles, venaient sans aucun motif d'intérêt personnel risquer leur vie pour lui rendre sa fille chérie ; il comprit dès lors que pousser des cris, ou tirer un coup de revolver de poche qu'il avait enfermé dans une des nombreuses retraites façonnées par le tailleur dans son paletot, pouvait compromettre la vie de ceux qui se dévouaient pour lui; il résolut donc de continuer seul, et sans faire aucun appel, sa route jusqu'à ce qu'il eût retrouvé le fleuve. Une fois là, il gagnerait aisément la retraite que le grand chef avait déclaré connaître dans la région des rapides.

Il marchait ainsi déjà depuis près de deux heures, et le soleil, s'inclinant de plus en plus vers l'horizon, venait lui apporter des terreurs nouvelles avec la perspective de passer une nuit entière au milieu d'une forêt sauvage. La faim, dont les atteintes commençaient à se faire sentir, redoublait ses angoisses, car, sans armes comme il était, comment aurait-il pu espérer se procurer une nourriture suffisante dans une forêt où ne se rencontraient, comme arbres à fruits, que des framboisiers, des poires sauvages et des mûres de haies?

Le docteur en était là de ses tristes réflexions, quand tout à coup un cri retentit à ses côtés, semblant sortir de derrière chaque tronc d'arbre. Il reconnut que c'était l'appel de guerre des Indiens, sorte de note aiguë et perçante qui résonne longtemps, grâce à cette vibration des plus rapides que produit le battement du plat de la main ou des doigts sur les lèvres.

A ce cri, dont le docteur, habitant depuis de nombreuses années le Canada, connaissait la formidable signification, il se sentit frappé d'horreur, et, se glissant au milieu d'un épais buisson de groseilliers sauvages, il s'accroupit au milieu de la verdure et se dissimula de son mieux.

A ce moment retentit dans les airs le bruit d'un coup de sifflet que le malheureux Européen reconnut pour le signal *en avant!* donné par le sifflet de guerre que tout chef marchant au combat porte toujours suspendu à son cou. Tout à coup il vit se dresser autour de lui des guerriers indiens portant le costume et la peinture de guerre.

Ce costume, qui consiste dans le vêtement que chacun d'eux croit le plus propre à le laisser libre de ses mouvements, est des plus rudimentaires; quant à la peinture, elle consiste en un barbouillage complet et en raies d'argile blanche, de vermillon, et en une couche épaisse de charbon de terre mêlé à de la graisse d'ours, dont les Indiens se recouvrent différentes parties du corps et des membres, ainsi que le visage. Ce dernier est ainsi quelquefois moitié noir et moitié rouge, d'autres fois tout noir, de manière à rendre chaque guerrier méconnaissable.

Les Indiens, qui appartenaient tous à la tribu redoutable des *Crows*, ne se laissèrent pas un instant prendre à l'artifice rudimentaire du docteur; débouchant de toute part et sortant, pour ainsi dire, de dessous terre, ils se précipitèrent vers le buisson qui servait d'asile au fugitif. L'un d'eux, que son costume plus somptueux et ses armes plus belles que celles de ses compagnons désignaient comme le chef de la bande, saisit par le bras le malheureux vieillard et l'amena dans la clairière. Là, d'un geste brutal, il renversa le chapeau aux vastes ailes qui tomba sur le gazon; l'opulente chevelure noire du docteur, ou plutôt de sa perruque, retomba en cascades sur ses épaules.

Le chef alors, brandissant d'une main le terrible

couteau à scalper, saisit de l'autre la chevelure dont il espérait bien faire le plus bel ornement de son wigwam. Tout à coup, ô surprise ! le trophée désiré, n'attendant point l'attaque de l'arme meurtrière, se détacha subitement et restant sans résistance dans la main du vainqueur stupéfait, laissa apercevoir aux Indiens émerveillés un crâne plus lisse et plus blanc que l'ivoire; c'était un scalp comme jamais aucun d'eux n'en avait vu même en rêve.

III

UNE ATTAQUE IMPRÉVUE

Pendant que le malheureux docteur Bernard courait les terribles dangers que nous venons de rapporter, le grand chef Œil-de-Lynx avait rejoint ses compagnons après avoir minutieusement exploré les environs.

— Mes frères, dit-il en arrivant, nous n'avons pas une minute à perdre. Les Crows ont été, sans doute, informés de nos projets et sont à notre poursuite. Heureusement notre course sur le fleuve ne laisse pas de piste, et jusqu'à présent ils ignorent où nous sommes, ou bien ils nous croient en arrière. Il n'y a du reste aucun doute à conserver sur leurs intentions, car ils sont peints en guerre, et chacun porte à sa ceinture le tomahawk et le couteau à scalper. Hâtons-nous de quitter ces lieux et d'effacer autant que possible toute trace de notre passage.

En achevant ces mots, le chef tira d'un étui son briquet et son amadou et se mit à entasser des herbes sèches au pied du tronc d'un arbre mort.

— Qu'allez-vous donc faire là? demanda le jeune Emile Lévêque qui suivait avec une vive attention tous les mouvements de l'Indien.

— Peu de chose, mon fils, répondit Œil-de-Lynx, je vais incendier la forêt afin d'effacer les traces de notre séjour en ce lieu et éloigner nos ennemis.

— Ah! diable, mon cher chef, répliqua le jeune homme; ne vous pressez point tant et attendez au moins que mon oncle soit de retour.

Œil-de-Lynx parcourut du regard les environs, puis il pâlit et demanda avec une anxiété que ceux de sa race ont l'habitude de dissimuler avec le plus grand soin.

— Y a-t-il longtemps que notre grand-père, le visage pâle, est allé à la recherche de ses médecines?

— Il est parti un quart d'heure après vous.

— Alors que le Grand-Esprit lui vienne en aide, car je crains bien qu'à l'heure présente notre secours ne lui soit devenu inutile.

— Que dites-vous? s'écria avec vivacité le jeune Français.

— Je dis qu'en ce moment il y a mille chances contre une que notre savant médecin soit mort et scalpé; je dis qu'aucune force au monde ne saurait l'arracher des mains des ennemis, dans le cas où ils auraient épargné sa vie.

— Alors, je pars pour aller le venger, mes amis! s'écria le jeune homme, saisissant vivement sa carabine et s'éloignant résolument.

— Arrêtez! mon jeune frère, dit le chef d'un ton de voix moitié attendri, moitié empreint d'une implacable fermeté. Je commande ici, et vous m'avez juré de m'obéir pendant toute l'expédition. Vous voyez, par l'exemple de votre oncle, quelles funestes conséquences peut entraîner la moindre désobéissance. Restez là ou plutôt allez tous m'attendre dans le canot et cachez-vous soigneusement dans les joncs.

Le grand chef des Assiniboines s'éloigna pendant que ses compagnons, obéissant à ses ordres, se disposaient à rejoindre leur embarcation; mais il revint tout à coup, comme obéissant à une réflexion subitement survenue.

— Je lègue à mon frère, le Porteur-de-Foudre, mon autorité pendant mon absence. Si dans deux heures je ne suis pas de retour au bateau, Raton reprendra ses rames et vous conduira au lieu qu'il connaît au-dessus des rapides ; l'Œil-de-Lynx ira rejoindre là ses frères, si les événements l'obligent à rester dans la forêt plus longtemps qu'il ne le désire.

Les coureurs des bois, réfugiés dans la longue barque, la firent pénétrer profondément dans l'épais fourré produit par les joncs où ils trouvèrent bientôt un asile absolument à l'abri de toute investigation. Est-il besoin de dire qu'ils attendaient le retour du chef avec une suprême anxiété ?

Déjà le délai fixé par Œil-de-Lynx touchait à son terme, et Guillaume, fidèle à la consigne, se disposait à donner le signal du départ, quand au loin, dans la forêt, retentit le hululement de la chouette que les savants appellent *tengmalini* et dont le cri lugubre vient souvent troubler le repos des voyageurs.

Le Canadien s'arrêta et prêta attentivement l'oreille. Au cri de la chouette succéda celui plus faible, mais plus plaintif encore, du hibou cendré.

Guillaume porta la main à sa bouche et, formant avec sa lèvre inférieure une sorte de tube, il en fit sortir à intervalles égaux deux cris absolument semblables à ceux qui venaient de retentir.

Un cri d'une autre nature se fit entendre dans la forêt. C'était une sorte d'aboiement mêlé de gémissements.

— C'est bien Œil-de-Lynx, dit le trappeur, et à voix basse il donna l'ordre à Raton d'aborder au rivage le plus doucement possible.

Dès que la barque toucha la terre, une forme humaine apparut qui rampa sur le sol et se laissa glisser sur la pente rapide ; ses compagnons avaient déjà reconnu le grand chef.

Sur un signe de ce dernier, Raton plongea silencieusement ses rames dans l'onde claire, et la barque s'éloigna du rivage sans bruit pour aller s'abriter de nouveau sous l'ombre projetée par les hauts roseaux éclairés par la lune : elle continua enfin à glisser avec vitesse en remontant le courant. Il était environ minuit quand on arriva aux rapides.

Le chef, en prenant sa place à bord, avait posé son doigt sur ses lèvres pour couper court à toutes les questions qu'on aurait pu lui faire. Cependant l'oreille exercée de Guillaume avait saisi ces paroles glissées à voix basse dans l'oreille du jeune Emile :

— Rassurez-vous ; tout va bien.

Sur l'ordre d'Œil-de-Lynx, la barque accosta le bord du fleuve au pied même de la chute d'eau la plus rapide et du côté opposé à celui d'où elle était partie.

— Portage nécessaire, dit-il alors.

Raton et le trappeur, sans hésiter, sautèrent à

l'eau, et, quand leurs compagnons eurent pris terre, ils poussèrent la barque à sec sur une plage de sable qui s'étendait en ce lieu.

Là, ils attachèrent les deux bouts du léger bateau avec une corde qu'ils placèrent sur leur épaule, et soulevant ainsi l'embarcation, ils rejoignirent leurs compagnons de route qui déjà s'étaient engagés dans un étroit sentier à travers les rochers qui bordaient le fleuve. La lune éclairait d'une lumière blanche et vive cette marche difficile ; mais les voyageurs étaient joyeux et sentaient leur cœur soulagé de plus en plus en pensant que, dans ces sentiers profonds bordés à droite et à gauche de hautes roches à pic formant murailles, ils étaient absolulument à l'abri du regard perçant de leurs ennemis.

Bientôt ils arrivèrent ainsi sur une sorte de plateforme gazonnée et semée çà et là de maigres sapins qui l'entouraient d'un rideau de verdure. A la pâle clarté de l'astre des nuits, ils purent s'assurer qu'ils avaient atteint un point qui dominait le fleuve et le sommet des rapides d'une centaine de mètres.

— Maintenant, dit le grand chef, mes frères peuvent parler, car dans quelques instants ils seront en sûreté. Mais avant tout, suivez bien mes ordres. Vous, Porteur-de-Foudre, laissez là la barque dont nous aurons besoin plus tard, puis que Raton vienne m'aider.

A l'entrée du défilé qui leur avait tenu lieu de sentier, se trouvait un énorme quartier de roche qui semblait devoir nécessiter, pour être déplacé, les efforts de milliers de bras. Cette roche bouchait presque le passage, et il avait fallu placer la barque sur le flanc pour la faire pénétrer sur le plateau.

— Mon frère Raton va venir pousser ce rocher de façon à fermer entièrement l'entrée de ce couloir, dit alors l'Œil-de-Lynx.

Un autre homme, moins certain de la gravité de son chef, aurait souri à cette proposition qui paraissait insensée ; pourtant le fidèle compagnon d'Œil-de-Lynx n'hésita pas un instant et alla placer son épaule contre l'énorme bloc.

— Courage, poussez, dit le chef.

A la stupéfaction de tous, la roche, obéissant comme si elle eût été un être animé, se mit en mouvement et, se rapprochant de la paroi de rochers verticaux qui formait l'autre côté du couloir, ne tarda pas à s'appuyer contre elle.

— Reste là et tiens bon, dit le chef faisant quelques pas en arrière et revenant porteur d'un autre quartier de roche relativement minime, qu'il glissa derrière la pierre immense, entre celle-ci et la paroi contre laquelle elle était naturellement appuyée.

— Lâche tout maintenant, dit-il.

La masse rocheuse, formant une barrière infranchissable et une fermeture hermétique, resta immobile.

— Maintenant, dit joyeusement le sauvage, nos ennemis peuvent trouver notre piste : à moins qu'ils n'aient des ailes, il leur est interdit de nous atteindre.

— Alors, si nous n'avons pas des ailes, nous sommes condamnés à rester ici jusqu'au jugement dernier, fit observer le trappeur canadien.

— Pas du tout, mon frère le Porteur-de-Foudre, dit le chef avec gaieté, nous n'aurons qu'à retirer la clef.

UNE ATTAQUE IMPRÉVUE

Et en même temps il montra du doigt le petit bloc de pierre qu'il avait apporté.

— Je comprends fort bien, dit le jeune Emile Levêque qui n'était pas fâché de faire preuve d'érudition; cette masse rocheuse est dans l'état qu'en statique on appelle l'équilibre stable; elle est en position telle qu'elle revient spontanément se remettre à sa place quand on l'en écarte; c'est ce qui arrivera dès que nous aurons retiré la pierre qui la maintient au point où elle est.

— Mon frère le visage pâle a bien parlé, et il est digne d'entrer dans le conseil des sages, car le Grand-Esprit a ouvert son intelligence.

Les voyageurs purent alors examiner à leur aise le point où ils se trouvaient. Derrière eux et à leur droite des rochers à pic s'élançaient jusque vers les régions des nuages; devant eux et à leur gauche, des précipices de cent mètres se creusaient perpendiculairement et laissaient entrevoir les bouillonnements des rapides du fleuve.

Certes, songer à escalader ces escarpements eût été folie, à moins de posséder des ailes, comme le disait le chef des Assiniboines.

— Ces lieux me sont connus depuis longtemps, dit Œil-de-Lynx; nous y trouverons un abri et, grâce à nos provisions, nous pourrons y séjourner autant que cela sera nécessaire. Le jour il nous sera possible, sur ce plateau, de cuire la viande de nos oursons et les pieds des grands ours que j'ai eu soin d'apporter sur notre barque; nous pourrons varier nos repas en mangeant les quelques saumons provenant de la pêche de Raton que nous avons pu apporter; enfin, le soir, nous entasserons dans une grotte, dont voici l'entrée, des aiguilles sèches de sapin et nous nous en formerons une couche moelleuse.

Ce programme fut d'abord suivi à la lettre; les voyageurs, harassés de fatigue et dévorés par la faim, firent un repas confortable.

— Au nom du Grand-Esprit que vous adorez, dit Émile Levêque, s'adressant au chef sioux, ne me laissez pas plus longtemps dans l'inquiétude mortelle qui me dévore et dites-moi ce que vous avez pu apprendre du sort de mon oncle infortuné!

— Mon père, le grand médecin, répondit le sauvage, a sans doute en sa puissance des moyens magiques pour calmer ses ennemis. Toujours est-il que, ce qui n'était jamais arrivé en temps de guerre chez les Crows, ils ont épargné sa vie et que je l'ai vu emmené prisonnier et environné de marques de déférence de la part de ses vainqueurs. L'Œil-de-Lynx ne peut rien apprendre de plus à son jeune frère le visage pâle, car c'est absolument là tout ce qu'il sait.

Quand le repas fut achevé, chacun songea à se livrer au sommeil; renonçant pour ce jour-là à pénétrer dans la grotte, tous s'étendirent comme ils purent dans leur manteau sur la verte et épaisse pelouse. Seul, Raton, suivant l'instinct d'un pressentiment secret, pénétra dans la grotte et se jeta dans un coin, sur un tas d'aiguilles de sapin que le vent y avait amoncelées.

Tout à coup, au moment où l'aube allait poindre, tandis que tout le monde s'abandonnait au sommeil d'une façon complète, le chef s'éveilla brusquement et releva la tête. Devant lui se dressait, le doigt sur les lèvres, Raton, pâle comme un mort.

— Grand maître des Sioux, dit-il, d'une voix à

peine perceptible pour son auditeur, les ennemis ont trouvé un passage par la grotte ; hâtez-vous, ou nous sommes à jamais perdus.

Œil-de-Lynx, sans s'arrêter à de vaines hésitations, réveilla ses deux camarades endormis et, le doigt sur la bouche, leur fit signe de le suivre. Ils s'avancèrent vers l'ouverture fermée. Une fois là, le sauvage retira silencieusement la pierre servant de point d'appui au bloc qui vint reprendre sa position première.

— Passez, dit-il, emportez la barque, et attendez-moi dans le couloir sans vous écarter de plus de cent pas. Je reste ici pour refermer la porte. Si vous entendez mon signal, revenez et vous pourrez rentrer à votre aise. Les braves aventuriers, obéissant à celui qu'ils avaient nommé leur chef, ne songèrent pas un instant à combattre sa résolution.

Ils sortirent précipitamment, laissant le malheureux Œil-de-Lynx exposé seul à toutes les vengeances de l'ennemi. La porte colossale se referma derrière eux. Il était temps, car au même instant une nuée de sauvages armés en guerre se précipitèrent hors de la grotte souterraine. A leur tête marchait le grand chef le Carcajoux, celui-là même qui avait enlevé la belle Marguerite à son père et à son fiancé.

Au lieu de tenter de se cacher ou de fuir, Œil-de-Lynx, se drapant dans son manteau de peau de bison, s'avança gravement et fit signe de la main qu'il désirait parler.

— Mon frère Carcajoux est le bienvenu en ces lieux, et son ami Œil-de-Lynx n'a pas oublié les liens d'amitié qui ont de tout temps uni les Crows et les Sioux des prairies.

IV

LES DEUX SORCIERS

Nous avons laissé l'infortuné docteur Bernard, dans la plus terrible des situations, entre les mains des Indiens Crows, au moment où ceux-ci reconnaissaient avec stupéfaction que le scalp du prisonnier, par un incompréhensible miracle, avait quitté de lui-même le crâne qu'il recouvrait, en laissant, au lieu d'une plaie rouge et sanguinolente, une surface blanche et polie comme une boule d'ivoire.

Ce phénomène émut profondément le Carcajoux et les guerriers qu'il commandait. Il se tourna vers eux.

— Celui-là me semble le plus grand médecin du monde, dit-il.

Le docteur, qui habitait le Canada déjà depuis plusieurs années, avait appris la langue des Iroquois qui vivaient aux alentours de sa demeure. Il tressaillit d'espérance en constatant que les Crows se servaient d'un idiome tout à fait pareil à celui qu'il connaissait.

— Glorieux chef d'une grande nation, dit-il, tu as deviné qui je suis. J'ai l'honneur, en effet, d'être un médecin parmi mes compatriotes, et si je suis ici à cette heure, c'est pour chercher dans la profondeur des forêts les médecines que le Grand-Esprit y a soigneusement cachées et que les savants seuls savent y découvrir.

En achevant ces mots, et comme pour donner une sanction à ses paroles, le docteur ouvrit sa boîte d'échantillons de botanique et étala, devant leurs yeux étonnés, des branches, des tiges, des feuilles et des fleurs dont il avait fait une ample moisson.

Le Carcajoux, de son côté, qui ne se lassait pas d'examiner dans ses détails le singulier accoutrement du vieux collectionneur, montrait du doigt à ses compagnons le paletot de fourrure et les objets bizarres qui y étaient attachés comme autant d'amulettes.

— Je vois, dit-il enfin, que mon père au visage pâle n'a pas la langue fourchue et qu'il nous a dit la vérité. Pourtant mon père a dû trouver dans la forêt nos médecines de guerre, et il a dû comprendre que nous ne voulions laisser passer personne sur ces terrains qui sont les nôtres. Mon père a donc manqué de sagesse et de prudence en ne tenant pas compte de nos avertissements et de nos menaces. S'il a perdu sa chevelure, qu'il ne s'en prenne donc qu'à lui-même. Maintenant que nous savons que c'est un grand médecin et qu'il est venu des pays lointains pour cueillir dans nos forêts et dans nos prairies les médecines qu'y a cachées le Grand-Esprit, nous lui ferons grâce de la vie, mais à une condition.

— Quelle que soit cette condition, je l'accepte d'avance, s'empressa de répondre le docteur.

— Alors, fumons ensemble le calumet de paix, dit le chef des Crows.

Il s'assit sur le sol à la façon des tailleurs, entre-croisant d'abord ses pieds étroitement serrés l'un contre l'autre, puis étendant en avant les bras et la tête. Il plia alors les genoux et se baissa d'une manière lente et régulière jusqu'à ce qu'il se trouvât assis par terre, les jambes croisées et les pieds ramenés contre son corps. Il fit signe au docteur de venir se placer à sa droite. Celui-ci, n'espérant pas atteindre la grâce et la désinvolture du cérémonial sauvage, se laissa tomber à terre et se plaça tant bien que mal dans une posture analogue à celle du Carcajoux. Quelques guerriers, sans doute les plus illustres de la tribu, vinrent se placer à droite et à gauche de leur chef et formèrent ainsi une sorte de demi-cercle.

Au centre de cet hémicycle, un drapeau blanc fut déployé, et le calumet de paix bourré de tabac fut posé sur deux fourches fichées en terre, prêt à être fumé dès que les clauses du traité seraient arrêtées. Le Carcajoux prit alors la parole en ces termes :

— Que mon père le grand médecin me prête une oreille attentive. Le chef des Crows qui lui parle a enlevé une jeune fille des visages pâles ; il l'a conduite dans son wigwam et a résolu d'en faire sa femme. Elle est si belle et si fraîche que mes autres femmes et tous mes compagnons l'ont surnommée *Fraise-des-Bois* ; chacun s'est efforcé de lui témoigner le respect et l'affection qui sont dus à celle qui doit devenir la femme préférée d'un chef et d'un grand guerrier. Malgré cela, rien n'a pu attendrir son cœur; mais elle ne cesse de pleurer jour et nuit. Ta médecine sera-t-elle assez puissante pour changer ses sentiments à mon égard et pour ramener le calme et la joie sur son beau visage ?

— Mon fils le grand chef des Crows, répondit prudemment le docteur, me pose une question à laquelle il m'est impossible de répondre sur-le-champ. Ma médecine est puissante, sans doute, mais elle l'est moins que les secrets et les volontés du Grand-Esprit. Il faut avant tout que je voie « Fraise-des-Bois », que je m'enferme avec elle dans le *pavillon médecine*, que là, je la soumette à mes opérations mystérieuses. Vous pouvez m'en croire sur parole, et tous mes compatriotes les Européens vous le diraient unanimement, la *médecine de l'opérateur* est bonne, et depuis plus de trente ans j'ai mérité le *chi-chi-quoin* (doctorat). Quand vous me connaîtrez mieux, vous me décernerez le titre de *Te-hee-pe-nee-vasch-ce* (le grand médecin blanc). Mais, mon fils, n'oubliez jamais qu'il n'est point de savant qui ne soit soumis aux ordres du Grand-Esprit.

— La sagesse a parlé par ta bouche. Le Grand-Esprit est le maître de nos destinées. Qu'on allume le calumet de paix !

Un guerrier se préparait à battre le briquet sur des fragments de bois mort à moitié décomposés et qui jouaient le rôle d'amadou, quand le docteur tira gravement de ses nombreuses poches une boîte d'allumettes chimiques, et, frottant un des bouts de bois sur son pantalon, en fit jaillir la lumière. Tous les Indiens firent entendre des cris de surprise et d'admiration.

— Avez-vous vu? disaient-ils. Il a tiré la flamme de son propre corps! Ce doit être le génie du feu en personne.

A partir de ce moment, le docteur devenait un hôte sacré et un être d'une essence supérieure.

On alluma le calumet de paix avec des herbes sèches enflammées par le feu sacré du nouveau médecin, et chacun des chefs, formant le cercle, tira quelques gorgées de fumée; après quoi la pipe fut présentée au docteur qui gravement imita ceux qui l'avaient précédé. Dès lors la paix était faite. Non seulement le savant collectionneur n'était plus un prisonnier, mais tous le considéraient comme un allié et comme un ami. Quand la cérémonie fut terminée, chacun se releva, sans poser ses mains à terre et sans faire aucun effort apparent. Le docteur, quant à lui, n'y mit pas tant de façons et, peu accoutumé au cérémonial sauvage, se redressa péniblement en faisant les plus affreuses grimaces.

— Diable! diable! murmura-t-il entre ses dents, voilà mon infernale sciatique qui recommence à faire des siennes, et malgré la pureté de l'atmosphère, je parierais que nous aurons de l'eau avant vingt-quatre heures.

Décidément la Providence se déclarait en faveur du docteur, car à ce moment même le Carcajoux s'approchait respectueusement de lui.

— Parmi les médecines qu'il possède, mon grand-père le visage pâle aurait-il le don de *faire la pluie*?

— Mais comment donc? répondit le vieux savant avec un aplomb qui aurait fait honneur à un arracheur de dents, opérant sur une place publique; demandez, faites-vous servir.

— C'est que mon peuple se plaint de la sécheresse qui dure depuis deux mois, et il vouerait une éternelle reconnaissance au médecin qui lui ferait de la pluie.

Le docteur leva un bras vers le ciel, en simulant une gravité que le fameux Mangin en personne lui aurait enviée.

— Nuages, accourez! dit-il.

Puis se retournant vers le chef des Crows :

— Avant que le soleil ait paru deux fois à l'horizon, la pluie tombera avec abondance.

Le Carcajoux, tout joyeux de ce pronostic, donna l'ordre de lever le camp.

— Rentrons dans nos wigwams, dit-il, mais assurons-nous d'abord que les ennemis signalés ne sont pas dans ces parages. On m'a assuré qu'ils sont conduits par Œil-de-Lynx, mon ancien ami, qui me trahirait abominablement et se serait allié avec les visages pâles pour venir me ravir la belle Fraise-des-Bois. S'ils ont suivi le fleuve, ce qui est presque certain, nous les trouverons à la grotte des Rapides. Œil-de-Lynx ne sait pas que je connais le passage qui y conduit, et nous avons toutes les raisons d'espérer que nous rencontrerons là nos ennemis, et que nous pourrons aisément les écraser sous notre nombre.

Le docteur, effrayé de la sagacité du chef sauvage et de la justesse de ses appréciations, frissonna en pensant aux dangers que couraient ses amis ; mais il eut la force de dissimuler ses angoisses.

Le chef des Crows lui rendit sa précieuse chevelure qu'il remit cérémonieusement sur son chef dénudé et qu'il arrangea avec soin en se mirant dans une petite glace cachée dans une de ses poches inépuisables. Les Peaux-Rouges assistaient stupéfaits à cette incroyable médecine qui permettait à un homme scalpé de remettre instantanément sa chevelure.

Ce miracle ne leur parut pas moins étrange que celui de la production subite du feu au frottement de la jambe.

Le docteur espérait qu'en accompagnant le chef des Crows, il pourrait, grâce à l'ascendant qu'il venait de conquérir sur lui et sur ses compagnons, venir à un moment donné en aide à ses amis qu'il avait si imprudemment quittés; mais il dut bientôt renoncer à cette illusion.

Le Carcajoux appela un de ses guerriers.

— Mon frère, *l'Ours-Velu*, dit-il, va prendre quinze guerriers et escorter dans mon wigwam mon père, le *grand médecin blanc*. Dès que vous serez arrivés, vous conduirez Fraise-des-Bois dans le pavillon médecine et vous l'y laisserez seule avec notre nouvel ami. J'espère aussi, à mon retour, grâce au merveilleux savoir de mon grand-père et à ses médecines souveraines, trouver la belle Fraise-des-Bois moins cruelle à mon égard, et décidée enfin à devenir la femme d'un grand chef.

Il n'y avait pas à hésiter devant un ordre aussi formel. Le docteur s'éloigna donc avec son escorte. Si, d'une part, il éprouvait la crainte de voir ses amis tomber au pouvoir des farouches Crows, il avait, pour se consoler, l'espoir qu'il fondait sur la sagesse éprouvée et la prudence du trappeur canadien et du grand chef des Assiniboines. D'autre part, son cœur paternel battait avec violence en pensant que bientôt il serait auprès de sa fille adorée et que, grâce à la superstition de ses ravisseurs, il parviendrait sans doute à la protéger et, peut-être, à la sauver tout à fait.

La petite colonne continua à s'avancer tant que dura la nuit; pendant les deux haltes qu'on fit pour se reposer, de grands feux furent allumés devant lesquels on fit cuire à la flamme claire des morceaux de viande de bison séchée. Quand le soleil apparut à l'horizon, le docteur arriva enfin au village des Crows où sa fille était retenue prisonnière.

Il y avait dans ce centre de population environ 300 tentes en peaux, ou wigwams, dressées presque toutes de la même manière; 15 à 20 perches en formaient la charpente, recouverte par une enveloppe composée de 15 à 20 peaux de bison cousues ensemble, peintes et brodées de toutes couleurs.

Le centre de la tente du chef où on le conduisit d'abord était occupé par le foyer, dont la fumée s'échappait par le sommet et formait à cette espèce de hutte un énorme et blanc panache. Une demi-douzaine de chiens, peu hospitaliers, gardiens de la tente, se mirent à aboyer en hérissant le poil, mais ils ne tardèrent pas à se calmer. Les hôtes matineux de la tente étaient déjà sortis, et le docteur jetait les yeux de tous les côtés, espérant apercevoir quelque part sa chère Marguerite; il ne vit personne. Il n'y avait là, étendues par terre, autour du foyer, que des peaux de bisons sur lesquelles les femmes avaient passé la nuit, les pieds tournés du côté du feu.

— Nous allons chercher Fraise-des-Bois, et la conduire dans le pavillon-médecine, ainsi que nous l'a ordonné le grand chef, dit un des guerriers; cela fait, nous reviendrons prendre ici notre père le grand médecin.

L'un des Peaux-Rouges formant l'escorte du savant étendit alors sur le sol un paillasson de jonc et lui fit signe d'y prendre place. Le docteur s'y établit de son mieux. Il était là, depuis un quart d'heure, seul, dévorant son impatience, quand tout à coup un pan de la peau de bison formant couverture de la tente s'écarta légèrement, et la plus épouvantable figure se dressa devant lui.

D'abord surpris et presque effrayé, le docteur se rassura en remarquant que les chiens, naguère encore si bruyants, ne prenaient pas même la peine de se déranger; il en conclut que son visiteur, homme ou animal, était un ami de la maison.

Qu'on s'imagine une sorte de monstre, trapu, énorme, couvert d'une peau d'ours gris dont la tête lui tenait lieu de masque et faisait partie intégrante de sa personne : sur la partie supérieure de la tête et près des oreilles dressées, s'élevaient une paire de cornes de bison formant l'image d'une lyre. Au lieu et place de cordes, ce singulier instrument avait à son centre de longues aiguilles de porc-épic, formant un bouquet d'aloès.

Au bout du nez du monstre pendait une peau de rat, en guise de breloque; son cou était entouré du plus fantastique collier, assemblage bizarre de dépouilles d'animaux divers : peaux de reptiles et d'oiseaux, sabots d'antilope, pattes, serres, peaux de grenouilles, de crapauds, de chauves-souris, têtes de blaireaux. Derrière le dos était suspendu un carquois, ou pour être plus exact une sorte de hotte, d'où émergeaient aussi des plantes desséchées, des peaux et d'autres objets fantastiques. Il portait sur l'épaule une longue lance tout le long laquelle étaient embrochés des animaux dits rongeurs, tels que rats et souris, mulots et écureuils.

— C'est vous, dit en entrant le hideux personnage, qu'escortaient cinq ou six guerriers, c'est vous qui êtes le nouveau médecin? Vous avez, m'a-t-on dit, le don de tirer le feu de votre propre corps!

Le docteur comprit qu'il avait devant lui le médecin officiel de la tribu, et que c'était un personnage à ménager. Il se leva, s'approcha du sorcier et, s'inclinant devant lui, lui adressa le salut le plus cérémonieux.

— Je suis le médecin nouveau, dit-il, et je connais votre grande réputation qui s'étend au delà des monts et des grandes eaux.

Le médecin parut sensible au compliment et fit entendre un grognement de satisfaction.

Le docteur continua :

— Je possède, il est vrai, la médecine qui me permet de tirer du feu de mon propre corps.

En disant ces mots, il tira sa précieuse boîte d'allumettes et répéta avec succès l'expérience qui lui avait déjà fait tant d'honneur.

— Je ne veux pas, continua-t-il, vous communiquer cette médecine, mais, pour vous montrer quelle haute estime j'ai de votre savoir et de vos vertus, je vous en offrirai une autre qui vous donnera le moyen de *faire du feu médecine en l'empruntant au soleil*.

— Ce que dit le médecin blanc est-il vrai? demanda le sorcier avec un tressaillement de joie.

V

L'INTERVENTION DU GRAND-ESPRIT

Le docteur vit du premier coup d'œil quel profit il pourrait trouver dans l'exploitation de l'ignorance et de la vanité de son collègue.

— Que mon frère le grand médecin, le favori du Grand-Esprit, dit-il, veuille m'accompagner hors de ce wigwam, de façon que nous soyons en face du soleil; j'allumerai sa pipe au feu de l'astre du jour.

Le médecin indien, ne cherchant plus à dissimuler sa joie et son admiration, tendit la main au docteur.

— Mon frère le visage pâle a rapporté d'au delà des grandes eaux des médecines mystérieuses qui sont plus puissantes que les nôtres. Nous espérons qu'il voudra bien nous les faire connaître, afin que ses fils les Peaux-Rouges en profitent.

On sortit de la tente, et dans une de ses boîtes d'entomologie, le docteur prit une loupe à verre grossissant. Quand la *Crécelle-Mystérieuse*, — c'est ainsi que se nommait le médecin des Crows, — lui présenta sa pipe pleine de tabac, il dirigea la lentille de façon à concentrer la lumière sur un point de l'herbe sèche; la fumée ne tarda pas à apparaître, la pipe était allumée.

Jamais rien de pareil n'avait été vu : tous ceux que la curiosité avait amenés autour des deux sorciers poussèrent des exclamations de joie et de ravissement.

— Mon confrère, dit le docteur, me permettra de lui faire hommage de cette médecine en témoignage de l'amitié et de l'admiration profonde que j'ai pour lui. Il pourra toujours s'en servir sans jamais l'user, à moins qu'il ne la casse; il prendra ainsi du feu au soleil.

— Grand médecin d'au delà les grandes eaux, dit solennellement la Crécelle-Mystérieuse, à partir d'aujourd'hui je me déclare ton ami dévoué jusqu'à la mort. Pas un seul médecin des tribus indiennes ne pourra se vanter désormais de m'atteindre à la cheville, et c'est à toi que je devrai cette gloire sans égale. Que chacun se retire et nous laisse à nos savantes méditations ; nous nous dirigeons vers le pavillon-médecine.

Les deux sorciers, en effet, arrivèrent vers ce centre des cérémonies religieuses et des jongleries des médecins. Ce pavillon se trouve forcément dans tout village indien. Quand les deux hommes se présentèrent à la porte de cette maison vénérée, le docteur, qui savait que sa fille devait l'attendre à l'intérieur et qui désirait causer sans témoin avec elle, s'adressa à son collègue.

— Mon frère rouge, dit-il, sait que le Carcajoux m'a confié sa fiancée et m'a prié de chercher une médecine qui le fasse aimer par elle. J'ai besoin de la voir seule d'abord, afin que mes conjurations soient efficaces ; j'appellerai ensuite la Crécelle-Mystérieuse, et j'espère qu'en unissant nos efforts et nos connaissances, nous parviendrons à vaincre cette répugnance invincible qu'elle montre pour le puissant chef des Crows.

— Hélas ! mon frère le grand médecin blanc, je crains bien que nous éprouvions là un échec, malgré votre immense savoir. Vous êtes aussi haut placé au-dessus des autres hommes que l'aigle qui plane est placé au-dessus du sol, mais pourtant vous pouvez vous tromper. On m'a dit que vous aviez commandé la pluie, et malgré votre appel, malgré votre puissante médecine, les nuages ne sont pas venus.

— Mon frère est incrédule, répondit le docteur, mais il faudra bien qu'il s'avoue vaincu si avant demain matin la pluie tombe avec abondance.

— Mon frère le médecin blanc, si sa prédiction s'accomplit, aura mérité le surnom glorieux de *Faiseur-de-Pluie;* mais daignera-t-il me faire connaître sa précieuse médecine ?

— Certes, dit le docteur, ne pouvant réprimer un sourire, je vous ferais bien volontiers cadeau de ma médecine qui dans mon pays s'appelle une *sciatique;* malheureusement, je ne puis ni la donner ni la partager, parce qu'elle est dans mes jambes.

Cette explication, sans doute à cause de son manque de clarté, réussit à augmenter l'étonnement et l'admiration de la Crécelle-Mystérieuse, qui s'éloigna sans se le faire dire une seconde fois. Pendant que son confrère allait pratiquer ses sortilèges dans l'intérieur du pavillon sacré, il se dirigea un peu plus loin, afin de s'exercer à dérober le feu du soleil.

Le docteur pénétra enfin dans le sanctuaire. Sa fille, accroupie sur une natte, semblait plongée dans une méditation profonde; elle ne leva même pas la tête au bruit que fit son père en entrant.

— Marguerite ! c'est moi ! dit à demi-voix le malheureux savant.

La jeune fille se dressa brusquement et, voyant son père debout, un doigt sur ses lèvres, pour lui recommander la prudence, étouffa un cri de joie et se précipita dans les bras du docteur. « Mon père ! — ma fille !... » Puis on n'entendit plus qu'un bruit confus de baisers, de soupirs et de sanglots étouffés.

Le docteur s'arracha le premier à cette douce, mais dangereuse étreinte. Si quelqu'un les avait épiés ? Les Crows auraient compris qu'ils avaient été trompés, et le père et sa fille eussent subi toute la série des horribles tourments que les Indiens savent infliger à leurs ennemis.

— Assieds-toi, Marguerite, et réponds-moi à mi-voix en français; si quelqu'un nous épie, je dirai que ce sont des formules magiques. Figure-toi d'abord que je passe ici pour sorcier et que toute la tribu des Crows ne jure que par ma science surnaturelle.

— Alors, mon père, défiez-vous du médecin de la tribu, car c'est un homme méchant, jaloux, et qui ne vous pardonnera pas votre influence.

— Rassure-toi; grâce à deux ou trois bourdes que je lui ai racontées, je m'en suis fait un allié tout à fait dévoué. Je compte beaucoup sur son amitié et plus encore sur sa bêtise pour assurer ta liberté. Il importe avant tout que nul ne se doute que nous nous connaissons.

— Mon père, j'ai appris que quelques-uns de nos compatriotes se sont mis à ma recherche et que mon ravisseur est à leur poursuite avec toute son armée.

— C'est très vrai, et je faisais partie de cette expédition composée de notre vieil ami Guillaume, du brave chef sioux Œil-de-Lynx, son ami, et de ton cousin qui n'a point voulu rester au logis quand d'autres allaient risquer leur vie pour toi.

— Brave et bon Emile ! le reverrai-je jamais ? dit en soupirant la malheureuse captive, qui laissa échapper un torrent de larmes.

— Pleure, mon enfant, cela te soulagera; quant à moi, je suis aux aguets, informe-moi des moindres détails que tu pourras surprendre. Le moindre détail peut être important; dès que leur superstition est en jeu, on ferait croire à ces imbéciles que des vessies sont des lanternes. Non! vrai! il n'est pas permis d'être aussi bête que ces sauvages!

Et le docteur s'abandonna à un accès d'hilarité silencieuse. Quand il vit que sa fille, soulagée par ses larmes, avait repris son sang-froid :

— Je ne puis laisser plus longtemps seul cet idiot de sorcier, dit-il; tu vas voir par toi-même jusqu'où peut aller la bêtise humaine. Je vais l'interroger devant toi et te prouver son crétinisme.

Le docteur sortit et revint bientôt avec son nouvel ami.

— Il est une chose dont on ne m'avait pas prévenu et qui rend presque impossible la médecine que j'ai entreprise, lui dit-il; c'est que celle que vous appelez la Fraise-des-Bois ne parle aucune langue qui me soit connue.

— Comment ? répondit la Crécelle-Mystérieuse,

non sans manifester quelque surprise, le Carcajoux m'a assuré qu'elle est Française.

— Cela est probable, si j'en crois mes oreilles et les sons qu'elle a prononcés devant moi : je suis Anglais et je ne comprends pas plus son langage que je ne suis parvenu à lui faire comprendre le mien.

— Mon frère le grand médecin blanc, répondit la Crécelle-Mystérieuse, en mettant à ses paroles une certaine malice envieuse, avoue qu'il y a des choses impossibles, même pour un savant comme lui.

— Que mon confrère veuille m'aider de ses conseils et de son savoir, répliqua modestement le docteur, et j'espère que nous surmonterons tous les obstacles.

— Alors la gloire de la réussite n'appartiendra pas tout entière à mon frère blanc, dit la Crécelle-Mystérieuse.

— Sans doute, et je serai mille fois heureux si je puis contribuer à augmenter l'influence de mon frère rouge sur les guerriers de la tribu.

— S'il en est ainsi, reprit le sorcier, définitivement rassuré, comptez sur moi comme sur vous-même.

— Avant tout, il importe que je sois éclairé sur la situation.

— Que mon frère blanc m'interroge. Il ne peut exister de secret pour un grand médecin comme mon frère.

— A-t-on des nouvelles de l'expédition ?

— Oui ; un guerrier est arrivé tout à l'heure annonçant que l'Œil-de-Lynx, l'ancien ami de notre chef, aujourd'hui son adversaire, est devenu son prisonnier et ne va pas tarder à être amené ici.

— Sait-on si ce chef était seul ?

— Absolument seul, car le Carcajoux l'a surpris dans une souricière sans issue et, s'il eût été en compagnie, ses amis seraient tombés dans le même piège.

— Quel sort est réservé au captif ? demanda le docteur, qui cherchait à donner à sa voix un ton d'assurance qui était loin de son cœur.

— Il sera torturé et mis à mort. Que peut-on faire de moins pour un traître ?

— C'est juste. Quand aura lieu l'exécution ?

— Demain, si le temps est beau, ou après la pluie, si la prédiction de mon frère blanc s'accomplit.

— Allons, bon ! se dit à part lui le docteur, nous avons encore un délai et je remercie pour la première fois ma sciatique qui ne m'a jamais trompé.

— Revenons à notre sujet, dit-il alors à haute voix. Quelle fantaisie a pris le Carcajoux de vouloir épouser Fraise-des-Bois ?

— Ceci nécessiterait toute une histoire. Les cinq sœurs du grand chef ont épousé des blancs et ont des enfants admirablement beaux dont la peau est moins foncée que la nôtre. Carcajoux a juré alors qu'il ferait comme ses sœurs et qu'il aurait aussi des enfants se rapprochant des visages pâles. Hélas ! c'est ainsi que nos peuples disparaissent et se mélangent avec des étrangers. Jusqu'ici nos filles seules voulaient se marier avec les visages pâles. Maintenant que les jeunes gens les imitent, il faut dire adieu aux Peaux-Rouges. Dans cent ans, il ne restera pas trace de notre population indigène.

Le docteur vit avec plaisir que le sorcier était peu favorable aux idées matrimoniales et amoureuses de son grand chef; il comprit qu'il serait aisé de s'en faire un auxiliaire pour détourner Carcajoux de ses projets de mariage.

— Je suis heureux de ce que m'apprend mon frère le grand médecin, car j'ai consulté le Grand-Esprit, et il m'a formellement interdit de laisser cette union s'accomplir.

— Quoi! s'écria le sorcier des Crows, vous avez pu consulter le Grand-Esprit? Il vous a sans doute envoyé un rêve? Il faudra le raconter à Carcajoux et lui interdire d'agir sans nous consulter.

— Ce n'est pas un rêve que j'ai eu; j'ai évoqué ici le Grand-Esprit, et il m'a fait entendre sa voix. C'est textuellement et en propres termes qu'il s'oppose au mariage de Carcajoux. Si mon frère le grand médecin veut me prêter son concours, il entendra lui-même les paroles du Grand-Esprit.

— Que mon grand-père au visage pâle fasse de moi ce qu'il voudra, dit humblement la Crécelle-Mystérieuse, dont tout le visage exprimait l'étonnement et la peur d'une façon comique.

Le docteur plaça son confrère dans un coin, lui recommandant le silence et l'immobilité la plus complète. Il conduisit Marguerite à l'autre extrémité du pavillon-médecine, lui donna ses instructions en français tout en faisant mille gestes extravagants. La jeune fille, au moment convenu, ayant mis dans sa bouche une feuille de frêne, afin de dénaturer le son de sa voix, dit dans le plus pur idiome crow que si Carcajoux accomplissait son projet d'union, non seulement lui et ceux de sa famille, mais toute la nation des Crows étaient menacés d'une destruction prochaine et totale.

Jamais le malheureux jongleur indien n'avait rien entendu de si terrible. Il s'avouait à lui-même que jusque-là il avait peut-être été le seul de sa tribu à ne croire ni au Grand-Esprit ni aux sortilèges, et maintenant il était forcé de se rendre à la terrible réalité. Le Grand-Esprit avait parlé devant lui, il avait distinctement entendu sa voix.

A ce moment de la cérémonie redoutable, des cris affreux retentirent au dehors et tout autour du pavillon-médecine. Les deux sorciers se hâtèrent de sortir pour s'informer de ce qui pouvait causer tout ce tumulte, et ils virent toute la tribu debout, acclamant la troupe des Carcajoux et son chef qui la précédait. Au milieu des guerriers crows, on voyait émerger la tête empanachée du chef des Sioux que son ennemi amenait prisonnier. Dès qu'ils eurent pénétré dans l'enceinte du village, toutes les femmes de la tribu, se précipitant au-devant des nouveaux venus, se jetèrent dans leurs rangs et, saisissant le prisonnier au milieu de ses gardes, vinrent, en poussant des cris de haine et de triomphe, l'attacher au poteau des supplices planté au centre du village.

— A quoi me serviront toutes mes ruses et la stupidité de mes adversaires, soupira le docteur, si l'Œil-de-Lynx doit rester prisonnier de ces barbares et succomber sous leurs coups?

J'aimerais mieux périr moi-même que l'abandonner dans cette situation critique!

VI

UNE RUSE DU TRAPPEUR GUILLAUME

Revenons à la situation tendue dans laquelle nous avons laissé l'Œil-de-Lynx, se dévouant pour mettre ses compagnons hors de danger et restant seul en face de ses ennemis sur l'esplanade où il s'était enfermé lui-même.

Sa première pensée avait été, si le temps lui en avait été laissé, de grimper sur un arbre et de se dissimuler dans son feuillage.

« Nos ennemis, se disait-il, constatant que la terrasse n'offre nulle autre issue que la grotte elle-même, après s'être assurés des traces de notre présence ici, s'empresseront de parcourir les retraites souterraines et finiront par conclure que nous étions déjà partis avant leur arrivée. Ils rentreront alors *bredouille* dans leur village, et c'est là qu'il s'agira d'aller leur enlever leur prisonnière. »

Cet excellent raisonnement fut mis à néant par l'arrivée subite du Carcajoux et de ses compagnons. L'Œil-de-Lynx fit contre mauvaise fortune bon cœur, mais il ne laissa rien paraître de son émotion sur son visage :

— C'est à coup sûr le Grand-Esprit lui-même qui a amené en ces lieux solitaires le puissant chef des Crows, l'ami de l'Œil-de-Lynx et de ses guerriers.

— Avant que mon frère ait dit qu'il est notre ami, a-t-il bien réfléchi, et sa langue ne lui sert-elle pas à cacher ses véritables sentiments?

— En quoi mon frère Carcajoux a-t-il pu supposer que les anciennes alliances qui nous unissent aient été brisées? Mes guerriers auraient-ils pendant mon absence fait une irruption sur les terrains de chasse des Crows? Dans ce cas, prompte justice sera rendue à mon frère.

— Non! dit amèrement le Carcajoux, les Sioux n'ont pas attaqué les Crows, mais mon frère l'Œil-de-Lynx me prouve qu'il est dissimulé comme une femme et que sa langue lui sert à déguiser la vérité. Je sais que mon frère est allé sur les bords du grand fleuve qui coule au levant et qu'il y a lié amitié avec les visages pâles, nos éternels et implacables ennemis. Je sais qu'il s'est engagé à venir enlever de mon wigwam le trésor que j'y ai enfermé, la belle Fraise-des-Bois que j'ai ravie à son père pour en faire ma femme adorée. Je sais qu'il s'est mis en route avec le Porteur-de-Foudre, le dangereux et terrible ennemi des Crows, ce chasseur effronté qui vient poser ses pièges et poursuivre le gibier jusque sur notre territoire de chasse. Je sais que d'autres hommes encore sont partis avec lui, et je demande à mon frère si c'est là agir en ami sincère et allié fidèle. Que mon frère, si je me trompe, ose me démentir, ou plutôt, car je suis sûr de ce que je dis, qu'il me prouve son repentir en me livrant ses compagnons et en me disant dans quel coin il les a fait cacher.

— Mon frère le Carcajoux m'accuse injustement, dit l'Œil-de-Lynx. Je suis parti en effet avec des visages pâles, mais j'ignore le but de leur voyage et je les ai quittés depuis ce matin.

— Que mon frère nous dise donc quel chemin ils ont suivi?

— Je l'ignore absolument; ce que je sais, c'est qu'ils sont six parfaitement armés de fusils terribles et qu'ils ont repris la route qui nous avait amenés ici par la grotte.

— Mon frère est, je le vois, un monstre de dissimulation et de mensonge. Un seul homme a pénétré dans la grotte, et c'est un Indien; cela est facile à voir à la trace de ses pas empreinte dans le sable fin qui recouvre le sol. Dès lors, puisque mon frère ment, mon frère se déclare mon ennemi, et moi, dès ce moment, je le fais prisonnier. Il connaît les lois de la guerre et sait quels sont les supplices qui précéderont sa mort.

— Chien! lâche! infâme voleur de femmes! dit alors le chef des Sioux, penses-tu que ton armée et toi, malgré votre nombre, puissiez me faire trembler?

En disant ces mots il fit un bond en arrière et alla s'adosser à la roche perpendiculaire dans un point où elle formait une sorte de niche, et il se mit fièrement sur la défensive.

— En avant? dit à ses guerriers le Carcajoux.

Et trente hommes se précipitèrent sur l'unique adversaire. Celui-ci, sans s'émouvoir, renversa les deux premiers d'un coup de tomahawk et perça de sa lance deux autres agresseurs qui, tombant sur leurs camarades morts, firent devant le chef sioux une sorte de barricade. Les Crows rétrogradèrent de quelques pas et, changeant de tactique, se mirent à faire pleuvoir sur leur ennemi une grêle de flèches. Celui-ci, grâce à son bouclier qu'il manœuvrait avec une adresse sans pareille, parvint à éviter chacun des traits lancés contre lui; bientôt même il réussit lui-même à saisir son arc et à envoyer à ses agresseurs, qui allaient sans cesse en reculant, trois ou quatre flèches qui firent autant de victimes.

Le Carcajoux comprit qu'à ce jeu la victoire lui coûterait trop cher. C'était d'ailleurs un brave guerrier qui avait fait souvent ses preuves.

— Arrêtez-vous, dit-il à ses compagnons.

Puis, s'avançant vers Œil-de-Lynx, il lui proposa de vider leur querelle en un combat singulier. Le chef des Assiniboines accepta, et les deux champions entrèrent en lice devant les guerriers immobiles.

Le combat commença à la lance; les deux ennemis se précipitèrent l'un sur l'autre avec l'impétuosité de deux taureaux; mais les boucliers, habilement maniés, parèrent les coups des deux côtés, jusqu'à ce que l'arme du Carcajoux vint se briser sur le cuir durci du bouclier de l'Œil-de-Lynx. Celui-ci, avec une loyauté qui préside presque toujours aux combats engagés entre les chefs indiens, jeta sa propre lance et les deux adversaires, s'éloignant l'un de l'autre, se lancèrent le terrible tomahawk. Celui du chef sioux vint s'enfoncer dans l'épaisseur du bouclier du chef des Crows, mais sans faire à celui-ci la moindre blessure. De son côté,

Œil-de-Lynx para le coup de son adversaire, mais la redoutable hache à deux tranchants, glissant sur le bouclier, vint briser l'arc suspendu aux côtés du brave combattant.

Le Carcajoux, ne voulant pas rester en reste de générosité et de bravoure avec son adversaire, jeta de son côté, sur le gazon, son arc et son carquois.

Les deux ennemis, saisissant leur couteau, fondirent l'un sur l'autre et se mesurèrent corps à corps. Longtemps le combat resta sans résultat, mais un faux pas fit chanceler Œil-de-Lynx. Son adversaire, profitant de cet avantage, s'élança sur lui, le terrassa tout à fait et, le tenant sous son genou, lui arracha l'arme meurtrière dont le chef sioux menaçait de lui percer les flancs.

— Mon frère est vaincu et désarmé, dit le Carcajoux ; je pourrais lui enfoncer cette arme dans la gorge et emporter sa chevelure pour en orner mon wigwam ; mais je préfère l'emmener à nos squaws et voir s'il saura, dans les supplices, déployer autant de courage qu'il en a montré dans le combat.

C'est ainsi que le malheureux Œil-de-Lynx, vaincu et les mains étroitement liées, fut emmené dans le village de ses ennemis.

Tout le monde, les femmes surtout, l'entourait et l'accablait d'injures et d'imprécations. Les compagnes de ceux qui avaient succombé sous ses coups auraient voulu, immédiatement, déchirer de leurs ongles ses chairs palpitantes. Le docteur, accompagné de son collègue, s'approcha à son tour et, heureux de savoir que nul dans la tribu ne connaissait le français, il se mit, avec une baguette ramassée à terre, à tracer autour du patient, sur le sol et dans l'air, des figures fantastiques, en accompagnant ses gestes de paroles mystérieuses.

— Ecoute-moi bien, disait-il, et le captif était tout oreilles. Aux questions que je ferai tu répondras *oui* en restant immobile et *non* en soulevant légèrement le bout de ton pied.

Pas une ombre du visage de l'Œil-de-Lynx ne tressaillit.

— Nos compagnons sont libres ?

Le Peau Rouge resta immobile comme une statue.

— Donc, nous avons droit de compter sur eux. Guillaume ne nous abandonnera pas.

Le captif semblait si étranger à tout ce qui était dit que nul n'eût pu se douter que tout cela s'adressait à lui.

— Veux-tu un couteau ? Oui ? Eh bien, tu l'auras dans un instant.

A ce moment, le Carcajoux s'approcha du nouveau médecin.

— Que fait ici mon grand-père ? demanda-t-il.

— J'enserre le captif dans d'invisibles liens qui lui rendront toute fuite impossible, répondit gravement le savant.

On venait de raconter au chef les nouvelles merveilles accomplies par le grand médecin, et il se sentait malgré lui entraîné à cette aveugle et folle confiance que procurent la superstition et le fanatisme. La Crécelle-Mystérieuse s'avança vers lui et lui dit quelques mots à voix basse.

— Quoi ! vraiment ! s'écria le chef en venant s'incliner devant le docteur, mon grand-père peut entrer en communication directe et personnelle avec le Grand-Esprit, il peut le faire parler en paroles humaines ?

— Oui, répondit le nouveau sorcier, et je vous ferai entendre sa voix sitôt que cela vous plaira. Regardez, ajouta-t-il, en montrant le ciel. J'ai appelé les nuages, et tout le monde était incrédule. Voyez-vous les nuages qui accourent et sentez-vous les premières gouttes de la pluie que j'ai ordonnée ? Tout à l'heure elle tombera à torrents, et le Grand-Esprit, pour vous montrer ma puissance, lâchera ses éclairs et son tonnerre.

Cette démonstration avait achevé de tourner toutes les têtes.

— Que chacun ici obéisse aveuglément à mon grand-père, le médecin d'au delà des mers, dit le grand chef ; je mettrai impitoyablement à mort quiconque refuserait de le servir ou aurait le malheur de lui déplaire.

— Alors, que mon frère, le grand chef des Crows, me confie la garde des prisonniers : nul mieux que moi ne peut répondre de leur sécurité.

— Il sera fait ainsi que le désire mon grand-père, et j'ai une foi absolue en sa science.

Cependant la nuit approchait, et l'obscurité se faisait d'autant plus vite que les nuages s'amoncelaient davantage au-dessus du village. La pluie, qui d'abord commença par de larges gouttes, ne tarda pas à tomber en véritables cascades. Chacun alla se réfugier dans les tentes ; seul, Œil-de-Lynx, étroitement lié à son poteau, resta avec son surveillant le docteur. Celui-ci, sans se soucier des torrents d'eau qui tombaient du ciel, continua à décrire des cercles magiques qui allaient en se rétrécissant autour du prisonnier. Puis, quand il fut placé tout contre lui, il promena tout à l'entour un regard investigateur et, ouvrant un solide couteau qu'il tenait à la main, il trancha d'un coup les liens qui retenaient ses bras attachés derrière le poteau.

— Hâtez-vous, dit-il, en plaçant la lame libératrice dans une des mains devenues libres, et fuyez !

— Non, pas encore, dit le prisonnier à voix basse ; ma fuite compromettrait votre sécurité et celle de Rose-en-Bouton. D'ailleurs, écoutez !... nous allons être secourus.

Le docteur prêta vainement l'oreille ; il n'entendit que les gémissements du vent et les éclats du tonnerre, qui venaient se mêler aux crépitements d'une pluie battante. Il fit alors quelques pas autour du poteau des supplices et s'assura que nul ne songeait à l'épier, puis il revint vers le prisonnier.

— Je n'entends rien que le bruit de l'orage, dit-il enfin.

— Eh bien, j'entends, moi, le galop de chevaux qui s'approchent, et derrière eux l'ébranlement que produit une troupe de buffles affolés. Dans moins d'une heure, il ne restera pas une tente debout et pas un habitant vivant, si nos ennemis ne pressentent, comme je le fais, le danger qui les menace.

— Raison de plus pour fuir sans plus tarder. Ma fille est là dans le pavillon-médecine, elle nous attend ; et dans une heure nous serons loin d'ici.

— Non, mon père ! nous ne pouvons fuir ainsi. Ecoutez : voici les guerriers qui commencent à s'agiter dans leurs wigwams. Ils ont entendu comme moi le danger qui s'approche. Retirez-vous ; bientôt ils seront là et chercheront leur salut et celui de leur famille dans la fuite. Cachez-vous dans la tente-médecine et attendez les événements. J'ai le pressentiment que les chevaux que j'entends nous aideront à assurer notre fuite.

Le village des Crows était placé dans une superbe position au point de vue de la défense contre une agression ennemie ; il était en effet dressé dans un étroit couloir bordé à droite et à gauche par une muraille formée de roches abruptes et à peu près inabordables. Pour se garer d'une surprise, il suffisait donc de placer à distance, derrière et devant, des sentinelles vigilantes. Mais rien ne pouvait garer les frêles huttes contre la tempête qui les menaçait.

Le docteur, qui n'était ni cruel ni sanguinaire, résolut de prévenir les malheureux Indiens du sort qui les attendait. Il courut à la tente du chef, et sans prendre la moindre peine de s'excuser de son indiscrétion :

— Mon frère le Carcajoux, cria-t-il, alerte ! et debout. Le Grand-Esprit m'apprend qu'une innombrable troupe de buffles, chassée par des ennemis, s'est engouffrée dans la vallée et qu'avant quelques instants elle traversera le village, brisant tout dans sa course impétueuse. Que mon frère écoute, d'ailleurs ; on les entend venir.

Le chef colla son oreille sur le sol, puis, épouvanté, il fit retentir quelques coups de sifflet aigus qui allèrent se répercuter dans les échos des hautes roches.

En moins de dix minutes, tout le village debout s'enfuyait, emportant ses objets les plus précieux ; chacun, s'aidant de ses mains et de ses pieds, se hissa le plus haut qu'il put sur les roches. Seul, le prisonnier restait immobile et comme rivé à son poteau; quant au docteur, réfugié dans la tente-médecine, il attendait auprès de sa fille l'issue du terrible événement.

Tout à coup, six chevaux, lancés au galop et montés par trois cavaliers seulement, s'arrêtèrent subitement... Œil-de-Lynx, tout à coup libre de ses mouvements, s'élança sur un des coursiers.

— Nous avons un quart d'heure d'avance, et nous allons plus vite que ceux qui nous poursuivent, dit joyeusement la voix bien connue de Guillaume le Porteur-de-Foudre ; où sont le docteur et sa fille ?

Les deux personnages demandés arrivèrent et, sautant à cheval, évitèrent au chef la peine de répondre. Les six cavaliers partirent comme un trait.

Les indigènes, hommes et femmes, témoins de cette fuite, étaient trop paralysés par la terreur pour tenter de s'y opposer; ils restaient immobiles et muets, accrochés aux rochers sauveurs sur lesquels ils s'étaient réfugiés.

Quelques minutes après, la terrible avalanche arriva avec un bruit cent fois plus fort que le tonnerre ; sous l'invincible impulsion de ce troupeau de deux mille bêtes énormes: tentes, pavillons, poteaux disparurent comme des brins de paille au souffle du vent. Les malheureux Indiens virent passer le fléau sans pouvoir le combattre, et en quelques instants toutes leurs richesses, tous leurs moyens d'existence avaient disparu. Par bonheur ils avaient la vie sauve.

Quand les six cavaliers lancés à fond de train eurent atteint le bout de l'étroite gorge et se furent mis dans un épais fourré :

— Comment diable avez-vous pu décider les buffles à s'engager dans ce couloir, surtout alors que vous étiez devant eux? demanda au trappeur le chef des Assiniboines.

— Rien de plus simple, dit Guillaume : je leur ai coupé toute retraite en mettant le feu à la prairie ; puis nous avons pris les devants, bien sûrs que le troupeau prendrait la seule voie de salut qui s'offrirait à lui...

. . . .

L'auteur de ce récit connaît le docteur Bernard, qui lui fait l'honneur de l'appeler son ami.

Il vient de recevoir, avec le manuscrit où sont relatés ces faits, une lettre de faire part datée de Montréal, qui lui annonce le mariage de Mlle Marguerite Bernard avec son cousin Émile Levêque.

LES MYSTÈRES

DES

PÊCHEURS DE BALEINES

I

Il y a quelques années, je recevais la visite d'un monsieur déjà grisonnant qui venait me prier de le présenter comme membre de la Société de géographie commerciale de Paris. Il m'apprit qu'il s'appelait Guilloud, qu'il était négociant en fourrures, et qu'il arrivait du Canada où, grâce à son lucratif commerce, il avait fait en dix ans une belle fortune.

Quand la glace fut tout à fait rompue, et qu'après une demi-heure de conversation nous en fûmes arrivés à nous connaître et à nous serrer amicalement la main :

— Pendant mon séjour à Québec, me dit-il, j'ai eu l'occasion de rendre quelques services à un grand chef de la tribu des Indiens *Peaux-de-Lièvre*, immédiatement voisine des Esquimaux, avec lesquels elle a depuis grand nombre d'années des liaisons commerciales. Ce chef, que ses compagnons appelaient : *Muct-e-too, la Poudre,* me présenta un manuscrit volumineux, mais, hélas ! fort mal conservé. Il le tenait d'une tribu d'Innoïts ou d'Esquimaux du cap Bathurst, situé au nord-est de l'embouchure du fleuve Mackensie.

« Je vous confierai volontiers, ajouta le Canadien, ce que j'ai pu sauver de ces pages qui sont écrites en anglais; peut-être y decouvrirez-vous quelques détails intéressants. Pour moi, je n'ai jamais eu la curiosité ni la patience d'y jeter les yeux. »

Je remerciai ce nouvel et obligeant ami, et le lendemain je reçus le manuscrit promis, mais dans quel état, mon Dieu ! L'écriture en était incorrecte, souvent illisible. Tout le commencement et toute la fin manquaient ; les pages du milieu, écrites au crayon, étaient parfois déchirées ou incomplètes; dans nombre de passages, des mots, des phrases entières étaient maculés ou effacés complètement. Je ne me mis pas moins à la besogne, et je suis heureux de publier ce récit qui, malgré son caractère incomplet et les côtés qu'il laisse dans l'ombre, réussira, je l'espère, à intéresser le lecteur. Je laisse à de plus savants que moi à déterminer à quelle expédition polaire appartenait le malheureux explorateur qui a écrit ces lignes. Peut-être, en les publiant, aurai-je la bonne fortune d'appeler l'attention publique sur les faits qui y sont racontés. Peut-être, en réveillant dans l'esprit des chercheurs le désir de reconstituer tout un drame au moyen de faits épisodiques, aurai-je apporté une pierre modeste dans la grande œuvre où seront racontés tous les admirables dévouements et toutes les actions héroïques qui ont signalé les explorations des mers polaires.

Voici d'ailleurs, dans sa simplicité, le récit que j'ai traduit. Que mes lecteurs me pardonnent si parfois quelque lacune s'y rencontre ; j'ai mieux aimé sacrifier à l'absolue vérité qu'au désir de compléter une histoire authentique, à l'aide d'épisodes enfantés par l'imagination.

... La solitude, l'abandon, le froid qui était intense, m'effrayaient moins que la pensée de rencontrer mes féroces compagnons de route. Il me semblait à chaque pas que j'allais me trouver en face de cet abominable Michaël, et tout mon sang se figeait dans mes veines en revoyant par la pensée l'Iroquois frappant de la crosse de son fusil son paisible voisin William, et le renversant sanglant dans la neige. Quand je vivrais mille ans, je n'oublierais pas cet infernal spectacle. Il tira son coutelas et, sur ce cadavre chaud, que dis-je? sur ce corps encore palpitant, il découpa des tranches de chair et les dévora avec avidité!

J'avais ma carabine chargée ; pourquoi n'ai-je pas interrompu ce terrible festin? Je me souvins subitement que mes compagnons avaient proposé de tuer Michaël pour le manger; il ne faisait donc qu'exécuter à son bénéfice, à lui, sauvage, un projet dont l'exécution faisait de lui la victime. Et puis l'horreur qui m'envahit fut telle que je ne me sentis que la force de fuir. Je marchai ou plutôt je courus éperdu pendant deux jours et une nuit sans m'arrêter, sans songer aux fatigues antérieures, à la faim qui étreignait mon estomac vide; puis je tombai inanimé sur le sol où je ne tardai pas à être recouvert par un épais linceul de neige.

Comment ai-je pu échapper à tant de dangers? Comment, à l'heure où j'écris ces lignes, suis-je encore vivant? La Providence m'avait-elle donc choisi, moi, pauvre matelot, pour révéler au monde civilisé tous les secrets, tous les mystères de ces pays maudits qui ont coûté la vie à tant de généreux voyageurs européens?

... J'allais donc en avant, au hasard; quelques poignées amères de tripes de roche que je cueillis çà et là avaient été jusqu'alors mon unique nourriture. Ma première pensée seule subsistait dans mon esprit : mourir, soit ! mais ne pas servir de pâture à d'autres hommes ! Nous étions si malheureux, si affamés, si désespérés depuis plus d'un mois, qu'après tout s'endormir dans un trou de neige, ne plus s'éveiller, c'était le repos, la fin des souffrances... Quand je me sentis assez loin de ceux que j'avais jusqu'alors considérés comme des amis et comme des frères et dont je redoutais maintenant la rencontre plus que la mort, le courage et le besoin de lutter envahirent de nouveau toutes mes facultés. Je m'assis sur un tertre couvert de neige et je me mis à faire l'inventaire de mes ressources.

Aussi loin que le regard pouvait atteindre dans toutes les directions se déroulait une plaine solitaire, aride, déserte, sans végétation et sans arbres, couverte de son implacable manteau blanc. Nul être vivant, nul animal, nul oiseau: l'empire de la faim et l'empire du froid. A quoi me servaient ma carabine, les munitions que j'avais en abondance et cette adresse que nul ne me contestait et qui dans tant de circonstances avait été bénie par mes compagnons? Plus de rochers et par suite plus de ce lichen que le savant docteur du bord appelait de la phyocie d'Islande et que notre cher Esquimau Joë nommait de la mousse de rennes; il m'en restait dans mon carnier quelques touffes que j'avais eu l'heureuse idée d'y conserver. Mais quand cette petite provision serait épuisée, comment pourrais-je vivre dans ce pays maudit?

Je cherchai à m'orienter; mais la neige qui continuait à tomber et le ciel couvert m'en auraient absolument empêché, si je ne m'étais souvenu que j'avais dans un coin de ma gibecière une petite boussole de poche. Je me dirigeai donc droit vers le nord.

— Là, du moins, me disais-je, si mes forces me le permettent, je trouverai la mer et avec elle la vie; je pourrai chasser les phoques, les ours, les renards bleus, les oiseaux aquatiques dont quelques-uns restent toujours aux lieux qui les ont vus naître. D'ailleurs, malgré le froid pénétrant qui me glace, la saison n'est pas encore très avancée : pourquoi ne rencontrerais-je pas là quelques pêcheurs de baleines anglais, norvégiens ou américains, égarés dans le dédale de détroits qui bordent cette côte inhospitalière? A leur défaut, je trouverai peut-être quelque misérable tribu d'Esquimaux qui prendra pitié de ma misère et me permettra de passer l'hiver dans ses huttes. Grâce à Joë, je connais suffisamment leur langue pour me faire comprendre; mon fusil et mes munitions me permettront de les payer de leur hospitalité en leur procurant de la viande fraîche.

Ces pensées me rendirent le courage; de nouvelles forces semblèrent naître en moi avec l'espérance et je continuai ma route un peu consolé. Le ciel s'éclaircit vers le soir, et au moment même où je songeais à me creuser un trou dans la neige pour y passer la nuit et éviter ainsi la mort certaine qui me menaçait si je m'endormais en plein air, je vis la voûte céleste étinceler de mille feux, et la lumière versée sur la plaine blanche par les scintillantes étoiles me sembla si vive que je résolus de poursuivre ma route jusqu'à ce que mes jambes raidies me refusassent absolument leur service. Bien me prit de suivre cette inspiration, car non seulement j'accomplis pendant cette belle nuit une longue route, mais encore je m'aperçus, peu avant la naissance du jour, que je ne tarderais pas à être contraint par la tempête à prendre le repos qui m'était nécessaire.

Le ciel, en effet, se couvrit peu à peu de nuages noirs; les étoiles éclipsées par ces menaçantes vapeurs s'éteignirent une à une, et un vent terrible, accourant du sud, ne tarda pas à faire retentir l'immensité glacée de ses sourds mugissements. A la neige violemment arrachée au sol, par plaques durcies, se mêla bientôt une masse pressée de flocons blancs tombant des nuages, et à l'heure même où le jour polaire devait se lever subitement, une obscurité grise enveloppa la nature entière, empêchant mon regard de s'étendre même à mes pieds. J'étais habitué aux tempêtes de neige et je savais qu'aucune force humaine ne peut être opposée à ces épouvantables ouragans, je me baissai et, tirant mon couteau de chasse. Je m'en servis comme d'une bêche pour trancher la couche glacée qui recouvrait le sol; je me creusai là une sorte de sépulcre assez large et assez profond pour m'y étendre commodément. J'étendis au-dessus de moi, sur les bords de cette fosse, la grande peau d'ours blanc qui me servait de manteau et, après m'être fait un oreiller de mon bissac, sans me préoccuper davantage du fracas de l'orage, des éclairs silencieux qui remplissaient l'espace de leur lueur sanglante, et de la neige qui continuait à tomber en flocons serrés, je m'endormis profondément, après avoir mâché quelques lanières de mon précieux lichen. Ma fatigue était si grande que ce ne fut que longtemps après que je m'éveillai; et, tâtant autour de moi, je me sentis entouré d'une sorte de boue liquide; c'était la chaleur de mon corps qui avait fait fondre les parois de mon logement. Un poids énorme pesait sur moi; je compris que la neige nouvellement tombée s'était amoncelée sur la peau qui servait d'obturateur à ma fosse. Ce ne fut pas sans d'énormes efforts que je parvins à soulever un coin de cette sorte de couvercle qui menaçait de m'étouffer; je pus enfin me mettre debout, rejeter à droite et à gauche l'épaisse couche blanche et glacée qui me recouvrait, et, voyant l'orage diminuer de furie, me remettre en route vers le nord.

Ce voyage terrible dura cinq jours et, dès le troisième, je serais mort de faim, car ma provision de tripes de roche était épuisée, malgré la parcimonie avec laquelle j'en avais usé, quand la Providence fit passer à portée de mon fusil un oiseau qui venait du nord et que j'abattis; je reconnus que j'avais tué une perdrix de la savane. L'absence absolue de bois ou de combustible de toute sorte aurait fort embarrassé un homme moins affamé que moi. Je pris à peine le temps de plumer mon gibier tant bien que mal et je me mis à mordre à même dans ses chairs palpitantes.

Cette rencontre si heureuse me rendit non seulement un peu de forces, mais encore elle fit surgir en moi l'espérance par les réflexions auxquelles elle donna naissance. J'étais trop profondément chasseur pour ne pas savoir que les perdrix ne pouvaient vivre dans la steppe glacée que je traversais. Celle que je venais de tuer devait donc fuir les rigueurs du nord pour regagner des contrées plus clémentes ; donc, en continuant ma route, je rencontrerais plus ou moins loin des terrains moins arides, peut-être des bois, des rivières, des êtres animés; par conséquent la chasse et la vie!

Le cinquième jour au soir, j'avais achevé les dernières parcelles de ma perdrix et, pour tromper la faim qui venait de nouveau m'étreindre, je broyais ses os entre mes dents, quand un bruit lointain, partant de devant moi, vint frapper mon oreille. J'écoutai un instant; il n'y avait pas moyen de s'y méprendre, c'était le son affaibli d'une chute d'eau. Je hâtai le pas avec joie, car, à mes yeux, je devais trouver là un salut assuré. J'arrivai, en effet, avant la chute du jour sur les bords d'une large rivière bordée d'arbustes malingres, dont les branches dénudées se tordaient vers le ciel comme des bras désespérés. Que m'importait le plus ou moins de richesse de la végétation ? Le fleuve que j'avais devant moi courait vers le nord-ouest, et ses flots impétueux descendaient avec fracas sur un lit de rochers. J'étais donc arrivé au bout de l'affreuse et interminable plaine où je n'avais échappé à la mort que par une série de miracles. Dans ce fleuve, je trouverais du poisson; sur ses rives, du bois pour faire du feu, sans doute du gibier, rats musqués, castors ou loutres. Je suivis donc le cours d'eau dans l'espoir qu'il me conduirait à la mer. J'appris plus tard que c'était la rivière K'Kay-tto, ou, comme la désignent les Français, la rivière La-Roncière-le-Noury.

II

Je m'assis entre deux roches sur les bords d'une anse où j'espérais que l'eau limpide ne tarderait pas à me faire connaître la nature des habitants qui la peuplaient. Grâce à cette immobilité que connaissent seuls les hommes habitués aux chasses à l'affût, je vis bientôt d'énormes saumons se croiser en tous sens dans le cristal des eaux et s'approcher assez de moi pour me permettre d'en transpercer un d'une balle : grâce à cette proie énorme, car le poisson ne pesait pas moins de dix à douze livres ; grâce aussi à un feu vif de brindilles cueillies le long du fleuve, je fis un excellent repas, le premier qu'il m'eût été permis de prendre depuis près de deux mois.

Je me sentis tout à fait réconforté et je me mis à descendre le long des rives du fleuve.

Après deux heures de marche, je m'aperçus avec une joie sans mélange que j'avais absolument changé de région ; au pays plat et aride que j'avais franchi succédaient des collines boisées, attristées, il est vrai, par les amoncellements de neige, mais au milieu desquelles de nombreuses empreintes d'animaux divers m'assuraient que l'abondance allait succéder pour moi à la famine. Jamais je n'avais si bien senti l'utilité d'un bon fusil, d'une abondante provision de poudre, de balles et de plomb, et surtout de la précision du coup d'œil qui me dispenserait de gaspiller inutilement mes munitions.

Le soir de mon premier jour de marche le long du K'Kay-tto, j'avais assez de gibier pour espérer pouvoir marcher encore quatre ou cinq jours sans faire un nouvel usage de mon arme. Je sentais la nécessité non seulement de me refaire par un souper confortable, mais encore par une nuit de repos et de tranquillité. Je regardai tout le long de la route autour de moi afin d'y découvrir un lieu abrité où je pusse en toute sécurité m'endormir sans avoir trop à souffrir du froid toujours intense et pénétrant.

Je crus enfin avoir découvert ce que je cherchais. Le lit du fleuve était, à ce point, profondément encaissé entre deux murailles de rochers. Je suivais la rive gauche et, n'osant m'aventurer au pied de la falaise géante, je m'avançai sur sa crête, sans trop me préoccuper des anfractuosités de la roche ou des profondes fissures qu'il me fallait parfois franchir d'un bond. Mon ancien métier de chasseur de chamois me rendait la besogne facile, aussi bien que l'agilité qu'on acquiert en faisant les manœuvres de la marine.

Tout d'un coup, en plongeant un œil distrait sur les eaux du fleuve qui allait sans cesse en se rétrécissant, je vis, le long des parois du rocher à pic au sommet duquel je me trouvais, s'ouvrir un large trou noir qui semblait devoir être l'entrée d'une de ces grottes spacieuses comme on en rencontre fréquemment dans les pays de montagnes.

— Ma foi ! m'écriai-je, si je parviens à atteindre cette bouche de four, je ne saurais trouver un abri plus convenable pour m'y livrer aux douceurs du repos !

Après quelques allées et venues, dans le but de rencontrer un passage, je découvris à quelques centaines de pas plus loin une sorte de terrasse en pente douce qui semblait devoir conduire jusqu'au bord du fleuve. La largeur de ce chemin suspendu sur l'abîme ne dépassait pas l'espace nécessaire pour y placer deux pieds de front ; mais qu'était-ce là pour un montagnard ? Je m'y aventurai sans hésiter et j'atteignis, après quelques instants d'une gymnastique qui n'eût pas laissé de présenter certains dangers pour tout autre, une terrasse plus large que j'avais remarquée d'en haut, et qui s'étendait jusques au pied de l'ouverture que je désirais atteindre, et à laquelle, en effet, je ne tardai pas à arriver.

Si j'avais été moins fatigué, je serais revenu sur mes pas et j'aurais utilisé les quelques instants de jour qui me restaient encore pour aller ramasser une provision de bois, allumer un feu et préparer mon repas. Mais j'avais le matin même fait cuire la cuisse d'une sorte de cabri que j'avais abattu d'un coup de fusil et qui ressemblait assez aux gazelles d'Afrique que j'avais vues dans le Jardin zoologique de Londres : il me restait plus de viande rôtie qu'il ne m'en était nécessaire pour le souper et même le déjeuner du lendemain. D'un autre côté, mon gibier était fort lourd et j'avais accompli une très longue route. Je m'enfonçai donc dans les profondeurs sombres de la grotte, certain qu'avec l'obscurité je trouverais la tiédeur de la température, et, ayant découvert entre deux quartiers de roche un coin de sol sableux et parfaitement sec, je m'enveloppai chaudement dans ma peau d'ours, plaçai mon fusil chargé à balles à portée de ma main et ne tardai pas à m'endormir profondément.

Tout à coup un bruit singulier, qui d'abord s'était mêlé à mon rêve, m'éveilla : des cris, des miaulements, des gémissements qui n'avaient rien d'humain remplissaient la grotte, et répétés, grandis par les échos, semblaient se répercuter dans les profondeurs du sol. J'ouvris les yeux; mais une des roches entre lesquelles je m'étais placé m'empêcha de voir ce qui causait un pareil vacarme; j'aperçus seulement une immense lueur qui semblait partir de l'ouverture de la caverne et qui l'inondait de ses flots lumineux, jusqu'au point éloigné que j'avais choisi pour m'y reposer.

Mon premier mouvement avait été, bien entendu, de saisir mon fusil; mon second fut de me soulever sans bruit et de m'avancer de façon à savoir, sans être vu moi-même, à quels ennemis j'avais affaire.

Je ne suis pas superstitieux et ne l'ai jamais été; je n'ai jamais cru aux diableries, et tous ceux qui m'ont connu savent que je ne suis pas aisément accessible à la peur. Cependant, je l'avoue, quand je parvins en rampant à mettre ma tête hors de la colonne d'ombres formée par le rocher qui me cachait, je fus saisi d'épouvante et je sentis tout mon sang se figer dans mes veines.

Autour d'un énorme foyer dont les flammes rougissantes emplissaient de lueurs étranges les profondeurs de la grotte, une dizaine d'êtres bizarres se livraient à toutes sortes de contorsions hideuses; ces cris hors nature qui m'avaient réveillé semblaient sortir de leurs bouches. Je les voyais, titubant sur des jambes grêles, agiter leurs bras en gestes fantastiques, et je me demandais sérieusement si c'étaient là vraiment des hommes ou des êtres surnaturels. Bientôt l'un d'entre eux, les épaules couvertes de la dépouille fraîche et sanglante d'un phoque, jeta à pleines mains, dans le foyer où brûlaient déjà des branches d'arbres résineux, une matière blanchâtre que je reconnus pour être de la graisse de poisson; la flamme activée redoubla d'intensité, et aux cris bizarres de ces êtres innomés j'entendis se mêler le pétillement du foyer semblable au bruit d'une fusillade lointaine. Les ombres grimaçantes des danseurs, grandies par les rouges lueurs de la flamme, venaient s'agiter contre les parois des roches placées dans les profondeurs de la caverne et y figuraient mille dessins capricieux, semblables à de colossales ombres chinoises enfantées par une imagination en délire.

Mon regard, fasciné par ce spectacle aussi étrange qu'imprévu, ne pouvait se détacher de cette scène fantastique; tout à coup, les lueurs du foyer ayant redoublé d'intensité, ou mes yeux s'accoutumant davantage à la lumière diabolique qui remplissait la voûte souterraine, je remarquai que les acteurs de la scène enveloppaient un appareil des plus simples et qui ressemblait à la broche rudimentaire dont se servent les trappeurs et les coureurs des bois.

Sur deux pieux fichés dans le sol et se croisant dans leur partie supérieure, reposait une longue perche dont l'autre bout allait se placer sur un chevalet de même nature. Quelque chose était attaché longitudinalement sur cette broche colossale ; mais malgré mes efforts je ne pouvais, en raison de la distance où je me trouvais, distinguer ni les traits ni les détails du costume des êtres étranges qui continuaient autour du foyer incandescent leurs contorsions épileptiques, ni la nature de l'objet fixé à la rôtissoire monumentale qui dominait la flamme. Cette chose qui excitait, je ne sais trop pourquoi, au plus haut point ma curiosité, était défigurée et rendue méconnaissable par l'épaisse fumée qui s'échappait du feu et qui se déroulait en spirales noires et puantes jusqu'au faîte élevé de la caverne. A un signal donné par l'être couvert d'une peau de phoque, chacun des acteurs de cette étrange scène se jeta à plat ventre sur le sol, la tête dirigée du côté du foyer, et resta immobile comme si la mort venait subitement de le frapper. L'être à la peau, qui semblait être le chef, grimpa alors le long d'un des chevalets de bois abrupt et avec l'agilité d'un singe s'avança à quatre pattes le long de la perche horizontale ; les flammes du foyer avaient diminué de hauteur et la fumée qui s'en échappait avait moins d'intensité ; je pus voir le fantastique personnage détacher patiemment l'objet attaché ou plutôt ficelé le long de cette sorte de broche, et le rapporter péniblement au pied du brasier. Alors seulement je vis de quoi il s'agissait : la chose informe et un peu ployée sur elle-même que le chef avait rapportée sur un bras, ce long boyau noirci qui m'avait semblé une sorte d'andouille énorme enfilée à une broche de géants, fut mis debout, et je pus constater que c'était une loque humaine, un cadavre tout nu, noirci par la fumée, dont les bras rigides et les jambes raides refusaient de ployer sous les efforts du démon qui cherchait à leur faire prendre des poses gracieuses.

Les êtres couchés se relevèrent tout à coup comme s'ils étaient mus par un ressort, leurs mains s'unirent et une ronde infernale commença, enveloppant à la fois le chef, le cadavre de l'homme fumé et l'appareil qui avait servi à le rôtir.

Je sentis la moelle de mes os se figer à l'horreur de ce spectacle. Mais l'indignation l'emporta enfin sur la terreur, j'épaulai lentement mon fusil et je mis en joue le chef de ces affreux cannibales. J'allais presser la gâchette quand je sentis mon arme s'échapper de mes mains ; vingt bras se posèrent à la fois sur moi, m'étreignant le cou, le corps, les jambes, et je fus transporté comme un fétu de paille aux pieds de celui que malgré la distance j'avais reconnu comme le chef de ces malfaiteurs.

J'étais si bien enlacé par des forces invincibles que l'idée d'opposer la moindre résistance ne me vint même pas un seul instant. J'entrevis d'un seul coup toute l'horreur du sort qui m'était réservé. A quoi m'avait servi d'échapper au prix de tant d'efforts à la dent cruelle de Michaël et de mes compagnons d'infortune, pour venir périr misérablement au milieu d'une bande d'abominables anthropophages et me voir rôtir comme un gigot de gazelle ? Ce n'était pas assez de trouver ma tombe dans des estomacs humains, il fallait encore que mon corps fût fumé et boucané, afin sans doute de satisfaire plus longtemps la gourmandise de ces monstres ! C'était trop d'horreur à la fin et tout mon être se révolta.

Trop étroitement lié et retenu pour pouvoir opposer à mes bourreaux une résistance physique, je résolus du moins de leur opposer assez de stoïcisme pour leur montrer qu'un Européen sait mourir avec autant de résignation qu'un sauvage. J'ouvris les yeux et je regardai mes ennemis en face. Je m'aperçus alors avec stupéfaction que tous ceux que j'avais vu danser et se tordre à l'entour du foyer, comme ceux qui sortant de je ne sais quel point obscur du souterrain m'avaient désarmé et saisi, avaient le visage recouvert d'un masque horrible de taille disproportionnée avec le restant de leur corps, et je vis, à travers les trous ronds grossièrement taillés à la partie supérieure de ces informes ébauches sculptées dans le bois, des yeux brillants qui m'enveloppaient comme d'un réseau d'appétits immondes.

Le costume de ces hommes, tout entier emprunté à la dépouille des phoques et des lions de mer, leurs bottes fourrées montant jusqu'à la hanche, leurs longs vestons reliés à la taille par une ceinture, me rappelaient d'une façon générale le vêtement que j'avais vu porter par cet excellent Joë, mon ami. Je supposai donc d'abord que j'avais devant moi une tribu d'Esquimaux. Mais alors toutes mes notions d'anthropologie étaient réduites à néant. Quoi! des Esquimaux anthropophages! était-ce Dieu possible, que des compatriotes de Joë, que ces hommes que j'avais connus si doux, si paisibles, si hospitaliers, pussent en changeant de région atteindre ainsi les dernières limites de la cruauté et de la barbarie? J'en arrivais à conclure logiquement que je me trompais et que ceux que j'avais devant les yeux pouvaient avoir emprunté à mes amis les *Innuits* leur costume et leurs armes, mais qu'à coup sûr ils devaient faire partie d'une féroce tribu d'Indiens des montagnes Rocheuses. Accourus pour piller quelque inoffensive famille d'honnêtes pêcheurs, ils avaient sans doute revêtu la dépouille de leurs victimes.

J'en étais là de mes réflexions, quand quelques paroles prononcées par l'homme à la peau sanglante me forcèrent à me rendre à l'évidence. Je connaissais trop bien la langue de Joë pour hésiter plus longtemps.

— Frères, dit-il, liez solidement cet étranger (*Kablunect.*) En l'amenant ici, son ange gardien (*Tornaf*) l'a livré à *Tupilak*, l'esprit du mal; il a vu les invocations de votre *angakok* (prêtre sorcier) à Tornasouk, le Dieu des pêcheurs; il doit mourir!

III

Ne pouvant plus contenir l'expression de mon horreur, je m'écriai violemment en me servant du langage esquimau :

— Hommes féroces, tigres à faces humaines, vous pourrez me tuer, me faire subir les tortures les plus raffinées; je vous défie de retirer de moi d'autre cri que celui du dégoût et de l'indignation que vos immondes appétits font germer en moi.

Le chef des hommes masqués se retourna vers ses compagnons.

— L'étranger parle notre langue, dit-il, rien au monde ne pourrait nous être un gage de sa discrétion; vous voyez bien qu'il faut qu'il meure et que rien ne saurait le sauver. Les mystères de Tornasouk sont inviolables. Liez cet homme étroitement, jetez-le dans un coin, continuons, nous, nos cérémonies; nous nous occuperons tout à l'heure du genre de mort qu'il a mérité.

Quatre hommes approchèrent, croisèrent mes mains derrière mon dos et les lièrent d'une solide courroie empruntée aux intestins d'un phoque; mes pieds furent de même étroitement attachés; enfin une longue corde de même matière, m'enveloppant de ses replis multipliés, me retint immobile contre une sorte d'aiguille de rocher formant colonne et placée à courte distance du foyer autour duquel se commettait la profanation épouvantable à laquelle j'assistais.

Les sauvages, sans plus songer à moi, allèrent reprendre leur place autour du feu, et leur chef, redressant le cadavre noirci de l'homme fumé, reprit à travers son masque ses incantations dont les intonations bizarres et hors nature m'avaient tiré de mon sommeil.

Je vis alors que le corps de l'infortunée victime avait le ventre ouvert et que les Esquimaux l'avaient vidée comme en Europe on fait d'un poulet avant de le mettre à la broche.

Un des acolytes de l'homme à la peau sanglante apporta une poignée de mousse sèche, très fine et très soigneusement triée; il la prit à poignée et la fourra soigneusement dans le corps du cadavre par l'ouverture béante. C'était ainsi que j'avais vu à bord M. Nelson, le naturaliste, bourrer de foin les peaux préparées des oiseaux aquatiques qui tombaient victimes de mon fusil.

Pendant qu'avait lieu cette cérémonie bizarre, les autres hommes masqués, tantôt debout, tantôt s'accroupissant avec un ensemble parfait, répondaient aux incantations de leurs chefs par des séries de sons qui ne resemblaient en rien à un langage humain; je pus d'ailleurs bien vite m'assurer qu'ils ne prononçaient pas un mot de leur langue usuelle.

Quand le cadavre fut soigneusement rempli de mousse, le chef prit une de ces aiguilles en os de poisson dont se servent les femmes innuites pour coudre les vêtements et les peaux de phoques qui recouvrent les canots; il y adapta, en le faisant pénétrer dans un trou percé dans la tête de cet instrument primitif, un fil formé de boyau de lion de mer, assez semblable au ligneul de nos cordonniers, et il recousit avec soin la partie du ventre et de l'estomac du cadavre qui avait servi à le bourrer de mousse sèche.

Tous ses compagnons s'éloignèrent alors en courant et disparurent dans les profondeurs de la grotte, tandis que le chef rejeta sur le foyer des poignées de bois résineux et des gâteaux de graisse de baleine qui le ranimèrent en un clin d'œil. Bientôt je vis revenir, toujours courant, les hommes masqués qui venaient de s'éclipser; l'un d'eux portait une sorte de chaudron noirci par la fumée, mais dont la forme me fit supposer qu'il avait été fabriqué en Europe. Un autre portait des objets dans lesquels je ne tardai pas à reconnaître un masque en bois semblable à ceux qui recouvraient le visage de tous ces démons et des vêtements en fourrures.

Le cadavre fut revêtu de ces habits qui me parurent d'autant plus remarquables qu'ils étaient d'une richesse inconnue dans ces parages. Le veston, formé intérieurement de peau de phoque, était recouvert d'une épaisse et fine fourrure dont l'ensemble représentait la dépouille de plusieurs loutres marines. Or, j'avais appris combien précieuse est la peau de cet animal qui disparaît rapidement et qui ne sera bientôt plus connu que par les spécimens qu'on en trouvera empaillés dans les musées d'histoire naturelle. Les bottes fourrées étaient fabriquées en peaux de loup arctique ; on mit sur la tête du cadavre boucané un de ces chapeaux tressés en écorce de racine de pin comme j'en avais vu chez les Kaniamioutes quand ils vont dans leurs kaïaks, pour se protéger du soleil : ce chapeau, orné d'une visière en bois avec figures d'animaux sculptés au couteau, était peint en bleu vif avec différents dessins. Les pieds furent ornés d'une paire de raquettes ou souliers de neige ; une des mains tenait une petite hache de pierre d'une teinte verdâtre, l'autre un arc en bois dur comme en portent les Indiens du Canada.

Le justaucorps était retenu par une ceinture habilement tressée en poils de porc-épic et ornée de dessins brodés avec du fil fabriqué de nerfs de baleine ; à cette ceinture pendait un sac brodé de même sorte et dans lequel se trouvaient ces castagnettes propres aux Esquimaux, qui les appellent *kalnhaït* et qui les fabriquent avec des becs de macareux.

Le corps ainsi splendidement vêtu fut appuyé debout et rigide contre un des piquets formant un pied des chevalets, et chacun des sauvages masqués vint se prosterner successivement devant lui, déposant à ses pieds sa lance armée d'une pointe d'obsidienne, le grattoir de silex taillé emmanché dans un coude de bois dont il se sert pour préparer les peaux, d'autres pointes de lances ou de javelines en schiste ardoisier ou en verre de bouteille habilement ciselé, le harpon dont la pointe est formée d'une dent de morse et qu'on emploie dans la chasse à la baleine, et d'autres objets dont je ne pus d'abord déterminer l'usage.

Le chef des Esquimaux prit alors le chaudron noirci qu'il plaça sur les tisons ardents; je le vis alors ramasser dans un coin un paquet enveloppé dans une peau de lion marin. Je frémis d'horreur quand je reconnus que ce qu'il en retirait et entassait dans le récipient posé sur le feu n'était autre chose que les entrailles de la victime séchée à la fumée et réduite à l'état de momie.

Un nuage jaunâtre répandant une odeur fétide monta de l'infernale marmite et chacun des hommes, ramassant ses armes, lances, javelines et flèches, vint en tremper la pointe dans la diabolique mixtion.

J'étais partagé entre l'horreur que m'inspiraient ces monstres et la terreur que le jugement prononcé contre moi avait fait naître en mon cœur, quand, sur un signe de leur chef, deux des sauvages, sans se dépouiller du masque qui m'empêchait de voir leur figure, s'approchèrent de moi, et me saisissant, l'un par le cou, l'autre par les pieds, me chargèrent comme un tronc d'arbre sur leurs épaules robustes et m'emportèrent hors de la terrible grotte. Leurs compagnons me suivirent; tous s'avancèrent sans hésiter et avec une sûreté de pied qui eût fait honneur aux plus intrépides de nos compatriotes, les montagnards d'Ecosse; après un quart d'heure à peine de cette descente périlleuse le long de ces anfractuosités de la roche à pic qui dominait les eaux impétueuses du fleuve, je fus déposé au fond d'une de ces grandes barques nommées *oumyak* que les Esquimaux emploient spécialement pour le transport de leurs femmes, de leurs enfants et des effets de campement. C'était une large machine quadrangulaire, construite d'une membrure d'os de baleine, revêtue de peaux de phoques, si bien cousues et reliées entre elles, que l'embarcation était absolument imperméable ; tout l'ensemble de ce primitif bateau me rappelait ces bacs dont on se sert en Europe pour porter d'une rive à l'autre les piétons et les voitures.

Malgré les liens qui serraient étroitement mes pieds et mes mains, je parvins à me soulever un peu et je vis avec une joie extrême que mes ennemis apportaient avec nous mon fusil, la valise contenant mes munitions et le gibier, fruit de ma chasse, que j'avais déposé près de moi au fond de la grotte avant de me livrer au sommeil.

Quatre Esquimaux seulement avaient pris place près de moi dans la grossière embarcation, et je vis leurs compagnons s'éloigner rapidement, montés chacun dans un léger kayak, et disparaître, rasant la surface de l'eau comme des mouettes légères.

Quant à nous, grâce aux efforts des quatre vigoureux rameurs armés d'une double pagaie, nous fûmes bientôt aussi emportés par le courant avec une rapidité vertigineuse. Cette descente à travers les rapides, qui me rappelait vaguement le jeu des montagnes russes dans les fêtes d'Europe, dura deux heures environ, puis nous abordâmes.

Toute une foule nous attendait sur la rive, hommes, femmes et enfants ; mais tous avaient le visage découvert ; mes quatre gardiens seuls avaient conservé ces masques hideux qui leur donnaient un aspect si terrible. Ils me saisirent comme ils l'avaient fait au départ, me débarquèrent et m'emportèrent à travers un abrupt ravin qui s'enfonçait dans les flancs d'une montagne dénudée et rocailleuse. La troupe de curieux qui était venue à notre rencontre nous suivait silencieusement, précédée d'un grand nombre de ces chiens esquimaux dont le museau pointu rappelle celui de l'ours, et qui portent si fièrement leur épaisse fourrure et leur queue en panache, qui se retourne comme une trompette.

Je ne me faisais aucune illusion sur le sort qui m'était réservé et néanmoins je guettais du coin de l'œil mon fusil et ma gibecière, qu'un de mes gardiens portait maladroitement sur son épaule.

— Si, au moment où l'on me débarrassera de mes liens, pensai-je avec cette ténacité d'espérance qui n'abandonne jamais un homme, même dans les circonstances les plus terribles, je parviens à m'emparer de mon arme et de mes munitions, je succomberai sans doute sous le nombre, mais du moins je vendrai chèrement ma vie.

Nous arrivâmes dans une sorte de vallée enveloppée de roches abruptes et énormes ; le sol formait une espèce de terre-plein au milieu duquel je vis s'élever un solide poteau profondément fixé en terre.

Mes bourreaux me déposèrent au pied de ce tronc dénudé, me dressèrent contre lui, m'y attachèrent solidement par les pieds, par le milieu du corps, par le cou, sans se donner préalablement la peine de me délier les pieds et les mains ; tout ce qui me restait d'espérance s'évanouissait d'un seul coup. Il ne me restait plus qu'à mourir. J'avais reconnu le poteau de torture en usage chez les Indiens de la région des grands lacs, mais que j'avais toujours cru absolument étranger aux Esquimaux.

Je vis s'approcher de moi un homme que je reconnus comme un chef et qui me parut être ce même angakok que j'avais vu diriger quelques heures auparavant l'homicide cérémonie dont ma mauvaise étoile m'avait rendu témoin.

— Dans le pays lointain d'où je viens, dis-je, il est d'habitude de laisser un condamné à mort faire un dernier repas avant de subir son supplice. J'ai toujours entendu dire que les Innuits étaient des hommes doux et hospitaliers. Me défendront-ils avant de mourir de satisfaire la faim qui me dévore?

— Qu'est-ce que tu désires manger? me demanda le chef d'une voix qui n'avait rien d'irrité ni de féroce.

— J'avais avec moi du gibier que j'ai tué et que j'ai fait cuire. Un des hommes qui m'a amené ici l'a transporté ; ordonne qu'on me détache et que je puisse satisfaire ma faim avec cette nourriture qui m'appartient.

Il sourit d'un air incrédule.

— Tes paroles sont pleines d'astuce, dit-il ; tu voudrais tenter de t'évader et je ne saurais le permettre. Tu l'as dit, les Innuits ne sont pas féroces par nature, mais le mauvais esprit t'a conduit en un lieu où aucun profane n'a le droit de pénétrer. Je déplore la nécessité où je suis de te donner la mort, car je n'ai nul grief personnel contre toi. La faute en est uniquement à ton mauvais génie. Quiconque a surpris, volontairement ou non, le secret de nos mystères doit mourir.

Pendant qu'il disait ces mots, une quinzaine d'hommes s'étaient rangés en face de moi, leurs arcs à la main, et ajustaient sur la corde en boyau de baleine la flèche meurtrière.

— Soyez maudits, atroces anthropophages ; leur criai-je, renonçant à défendre plus longtemps ma misérable existence. Que mon sang retombe tout entier sur vous et vos enfants ! Mes compatriotes viendront un jour et me vengeront !

IV

Résigné à mon malheureux sort, comprenant toute l'impossibilité de tenter une lutte, et osant à peine songer à l'horrible festin qui suivrait ma mort, je fermai les yeux et attendis résolument les traits meurtriers qui devaient percer ma poitrine. Tout à coup le chef des Esquimaux poussa un cri :

— Arrêtez ! dit-il.

Et il s'élança près de moi. Je le vis saisir une petite figure en ivoire sculpté représentant un morse et que je portais pendue à mon cou en mémoire de mon cher et fidèle Joë de qui je l'avais reçue. Il tourna et retourna la figurine, examina attentivement la cordelette en lanières tressées qui l'attachait, puis avec une émotion qu'il n'essaya même pas de dissimuler :

— D'où tiens-tu cet objet précieux ? me demanda-t-il.

— Celui qui me l'a donné et m'a fait promettre de ne m'en détacher jamais, répondis-je, est un homme de la nation, mais il est aussi doux et bon que vous êtes féroces et haïssables, toi et ceux à qui tu commandes.

Il n'eut pas l'air d'entendre mes injures et continua :

— Il s'appelle Joë, n'est-ce pas ?

— Oui, et je me fais honneur d'être son meilleur ami.

— Pourquoi t'a-t-il donné cela ? reprit le chef. Lui as-tu donc sauvé la vie ?

— Parbleu ! Dans vos pays maudits, qui est-ce qui ne sauve pas plus ou moins la vie à ses compagnons de route ?

— Vous l'avez entendu ? s'écria le chef, c'est l'ami, c'est le sauveur de Joë !

Tous jetèrent leurs armes et se précipitèrent sur moi. Avec un petit couteau en ivoire imitant les couteaux européens (*sheath knife*), couteau à gaine, le prêtre sorcier coupa mes entraves ; alors, me trouvant libre, je saisis vivement mon fusil et ma valise étendus à quelques pas de moi sur le sol, prêt à me mettre sur la défensive.

Les témoignages d'amitié et de vénération dont chacun m'entoura, ne tardèrent pas à me rassurer tout à fait ; un de ceux mêmes qui m'avaient étroitement lié au terrible poteau, m'apporta le quartier rôti de cabri que j'avais réservé pour mon déjeuner, je m'assis sur un bloc de rocher, et le chef qui venait d'ordonner ma mise en liberté se plaça près de moi, et d'un ton de voix plein de douceur :

— Joë est mon frère, me dit-il.

— Quoi ! Joë, le frère d'un chef d'anthropophages ! Jamais je ne croirai cela ! m'écriai-je avec indignation. Joë est le meilleur des hommes, il n'a jamais refusé de donner aide et secours à un de ses semblables...

— Joë n'est pas anthropophage et nous ne le sommes pas davantage; il est, comme nous, pêcheur de baleines, et, puisque tu as mérité qu'il te donnât le grand talisman, nous n'aurons plus de secret pour toi ; tu pourras venir avec nous attaquer les baleines et les morses redoutables, tu connaîtras nos mystères, nos croyances, nos cérémonies.

— Alors ce cadavre, vous ne l'avez pas fumé pour pouvoir vous en repaître.

— Non, frère, me dit le chef, c'est le cadavre d'un homme vertueux et brave ; c'est l'esprit bienfaisant qui protège nos chasses, met dans nos cœurs le courage nécessaire pour ne pas trembler en attaquant le monstre ; c'est lui qui nous donne l'adresse et la force nécessaires pour frapper le coup mortel.

Je me sentis rassuré et je compris que ce que j'avais pris pour des scènes de cannibalisme n'était rien autre qu'une série d'actes religieux inspirés par les superstitions bizarres de ces nations sauvages. Le frère de Joë était *l'angakok* ou prêtre de la tribu.

— Nous sommes donc amis ? lui dis-je.

— Comme avec Joë, me répondit-il en pressant ma main dans les siennes.

Nous nous remîmes en route pour gagner les huttes de nos nouveaux hôtes. Je voulus me charger des trois ou quatre pièces de venaison qui me restaient et sur lesquelles je comptais pour apporter ma part au prochain repas; un jeune homme s'en saisit et refusa obstinément de me laisser porter ce pesant fardeau; nous franchîmes un sentier abrupt à peine tracé dans le rocher, et grâce auquel nous escaladâmes une haute montagne du sommet de laquelle nous aperçumes la mer.

L'angakok me montra une sombre forêt de pins du Nord suspendue sur les flancs escarpés de la montagne.

— C'est là que sont nos demeures, dit-il. Tu vois qu'il ne serait ni aisé de les découvrir, ni possible de les atteindre, à moins d'être né dans ces rochers.

Nous continuâmes à nous avancer silencieusement sur ces pentes si glissantes et si rapides, qu'un habitant de la plaine n'y eût pas fait dix pas sans tomber au fond d'un précipice. Quand il vit que nous étions un peu à l'écart de nos compagnons de route :

— Qu'est devenu mon cher Joë? demanda-t-il?

— Joë, répondis-je, est resté à bord de notre navire, où il sert de guide et d'interprète au capitaine de l'embarcation sur laquelle je suis venu dans ton pays.

— Es-tu d'une contrée bien éloignée d'ici?

— Si éloignée, dis-je en souriant, que le plus fort de tes rameurs monté sur son kaïak mettrait plus d'une année pour traverser l'étendue de mer que nous avons franchie.

Il secoua la tête d'un air incrédule ou du moins comme un homme habitué à écouter des exagérations.

— Ton pays est-il si froid, si dépourvu de vivres, de poisson et de gibier qu'il a été impossible à toi et à tes compagnons d'y rester davantage.

— Mon pays est le plus beau, le plus riche du monde; tous les vivres, tous les trésors y sont en abondance. Nous y possédons des instruments de pêche et de chasse dont je me propose de te donner bientôt une idée ; la température y est douce et clémente. Ici, au contraire, nous courons chaque jour le risque de mourir de froid et de faim...

— Pourquoi alors es-tu venu? me demanda-t-il d'un air étonné.

— J'ai essayé de l'expliquer à Joë. Tu ne le comprendrais peut-être sans doute pas mieux que lui. Qu'il me suffise de te dire que les hommes de mon pays sont dévorés de la soif de voir des choses nouvelles et d'apprendre sans cesse ce qu'ils ignorent. Ils ont voulu savoir ce qui se passe dans le pays des Innoïl, comment ils vivent, comment ils chassent le phoque, la baleine, la morue et le lion de mer, afin d'aller le répéter à leurs compatriotes.

— Si c'est là le but que tu t'es proposé, tu ne pouvais mieux tomber, me dit-il. Rien ne sera secret ni mystérieux pour toi, tu seras initié à nos mystères les plus cachés et tu pourras aller dire à tes amis combien sont braves les Innoïts baleiniers (1).

---

(1) Ici le manuscrit apporté par le négociant en fourrures contient une assez grande lacune. Il ne nous aurait pas été impossible d'y suppléer avec un peu d'imagination. Sans doute le matelot qui l'a écrit y racontait la façon hospitalière dont il fut reçu par les pêcheurs; il donnait des détails sur la manière de vivre; sans doute aussi il les étonnait par son adresse à la chasse, par l'emploi de son fusil, par ses récits, etc. Grâce aux précieux documents apportés en Europe sur ces contrées par le vaillant explorateur M. Pinard, nous aurions pu soulever un coin du voile qui recouvre la vie de ces peuples. Nous avons mieux aimé nous en tenir au texte même du manuscrit que nous avons entre les mains.

. . . .

... Malgré un froid des plus vifs, nous partîmes presque à l'heure du coucher du soleil, de telle façon que quand la lumière de l'astre du jour disparut à l'horizon, nous avions gagné les roches pointues et de formes bizarres à travers lesquelles les hommes de la tribu avaient coutume de cacher leurs embarcations. Partout les eaux avaient creusé dans ces masses de granit des sortes de profondes trouées qui faisaient un peu ressembler les côtes en cet endroit à celles que j'avais observées du nord au sud de la Norvège occidentale. Chacun de ces golfes profonds était admirablement à l'abri des flots et des vents durant toute la période pendant laquelle la mer n'est pas encore congelée.

Ordinairement les chasseurs de baleines ne s'aventurent en mer qu'avec leur kaïak double ou simple. Sur mes instances, quatre vigoureux rameurs me furent donnés pour me conduire à la suite de mes compagnons, et je montai sur un oumiak qui, malgré la défectuosité de sa forme, grâce à l'habileté des pagayeurs, se conduisait assez bien avec le flot. Le frère de Joë vint m'y rejoindre.

— J'ai résolu de t'accompagner partout, me dit-il, autant pour te garantir des dangers qui pourraient te menacer que pour affermir ton cœur contre toute crainte.

— Où donc allons-nous? lui demandai-je, et quels périls si grands allons-nous courir pour que tu veuilles me préserver de la peur? Il m'avait semblé pourtant que j'avais suffisamment démontré à toi et aux tiens que le cœur d'un Européen est aussi rempli de bravoure que celui d'un pêcheur de phoques.

Il secoua la tête en signe de doute.

— Tu es brave devant les dangers que tu comprends, dit-il. Je t'ai vu devant la mort imminente fermer les yeux et attendre stoïquement ta dernière heure. Mais cela ne saurait suffire. Quand tu as assisté à nos mystères sacrés, tu n'es plus resté maître même de ta pensée; la folle peur, la peur irréfléchie t'a envahi tout entier; tu nous as pris d'abord pour les esprits du mal, puis tu as cru voir en nous des êtres immondes vivant de chair humaine. Dans quelques instants encore, si je n'étais près de toi, ton sang se figerait dans tes veines et tu recommencerais à douter de ceux au milieu desquels Joë a passé sa vie, de ceux dans le cœur desquels il a puisé une partie de ces vertus que tu te plais à reconnaître en lui. Sois calme et attends. Nous n'avons qu'un but : combattre Tupilak, réduire ses perfides desseins à néant, et nous rendre favorable le tout-puissant Tornasouk, afin qu'il rende nos pêches fructueuses et qu'il ménage la précieuse existence de nos frères et de nos enfants.

Pendant que le prêtre sorcier me parlait ainsi, j'examinai attentivement la route que nous suivions. Les légers kaïaks avaient disparu dans la nuit; malgré le ciel étoilé qui enveloppait la terre blanchie par les neiges d'une indécise lueur, je ne distinguai qu'imparfaitement la nature des côtes en vue desquelles nous naviguions. Les premiers froids avaient déjà, malgré l'agitation éternelle des flots, formé des glaçons qui s'avançaient assez avant dans la mer et nous obligeaient de nous tenir à distance des falaises aux formes fantastiques qui festonnaient la rive.

Parfois les terres lointaines semblaient s'aplanir et donner naissance à de larges vallées; plus loin, et sur un long parcours, le sol paraissait s'élever jusqu'au ciel, semblable à une barrière colossale et perpendiculaire prête à se précipiter dans les flots.

Craignant que de nouvelles questions ne donnassent à l'angakok une mauvaise idée de mon courage, je me taisais et me contentais de promener mes regards dans les profondeurs noires de l'horizon.

Tout à coup, notre oumiak se rapprocha de la côte, et, s'aventurant dans une sorte de long boyau bordé à droite et à gauche de hauts rochers à pic, pénétra dans une anse dont les eaux claires et paisibles reflétaient le ciel étoilé. Devant nous et à nos côtés, les rives de cette minuscule mer intérieure se détachaient en noir en forme de cirque, autour de ce miroir brillant auquel elles servaient de cadres.

Le vieux sorcier posa son bras sur le mien comme pour attirer mon attention et mes yeux suivirent la direction de son doigt. Un spectacle que je n'oublierai jamais s'offrit à ma vue. Seulement, je l'affirme, grâce aux avertissements que mon conducteur m'avait donnés, je n'éprouvai aucune crainte et lui-même m'a souvent répété depuis que pas une fibre de mon visage ne décéla la terreur ou même l'étonnement.

Sur le penchant d'une colline en pente douce placée devant nous, s'éleva tout à coup une grande et rouge lumière qui semblait monter jusqu'aux cieux. Devant cet incendie subit et inexplicable une figure noire, d'abord petite, mais grandissant à vue d'œil, s'élevait du sol et formait un écran fantastique dont les formes bizarres se découpaient en noir sur la flamme rutilante.

Il n'est pas un paysan d'Europe qui n'eut été frappé de terreur par cette apparition et jamais le plus incrédule n'eut songé à nier qu'il avait devant lui le diable en personne.

Au fur et à mesure que grandissait cette étrange apparition, elle prenait des formes nouvelles. Des sortes de tentacules mouvantes partant du centre s'allongeaient à droite et à gauche comme des bras prêts à saisir quelque chose d'invisible placé au dehors du foyer lumineux; au-dessus d'un corps informe et disproportionné comme les petits enfants ont coutume d'en dessiner, une tête énorme ouvrait une bouche formidable, à travers laquelle les vives lueurs du fond montraient une longue rangée de dents pointues. Deux trous ronds placés au haut de cette figure formaient l'image de deux yeux ardents et lançant des flammes sanglantes.

V

— Oserais-tu aborder avec moi? demanda l'Angakok.

— Parbleu! lui répondis-je en souriant, pensez-vous que votre lanterne magique m'effraye?

Il ne comprit pas le côté ironique de ma réponse et continua :

— Le grand fantôme que tu vois là est Tupilak, l'esprit du mal; grâce à ma volonté, à ma science, au don merveilleux de sorcellerie que je tiens de la nature, je vais, rien qu'en m'en approchant, le forcer à rentrer dans les entrailles de la terre d'où il sort.

Je ne pus retenir un rire sceptique, mais il ne daigna pas s'y arrêter et, comme nous étions sur la rive, nous débarquâmes; nos quatre rameurs restés à bord s'éloignèrent à grands efforts de pagaies.

Dès que je fus à terre, tout le secret de cette farce enfantine me fut livré.

Devant nous était une large et haute roche perpendiculaire, dont les parois étaient garnies de hauts pins maritimes enflammés et dont l'essence résineuse formait les grandes flammes rougeâtres dont je ne m'expliquais pas d'abord l'origine. Au-devant se dressait un énorme mannequin fait de pièces de bois grossièrement taillées. Je m'aperçus avec stupéfaction que tous nos compagnons de route qui nous avaient précédés dans leurs kaïaks se cachaient derrière cette naïve idole, et que, dès qu'ils nous virent mettre pied à terre, ils s'empressèrent de grimper contre les pièces de bois qui la composaient et les démolirent avec un ensemble et une rapidité que je n'avais encore vus que dans les manœuvres maritimes.

— Ah ça! dis-je en me retournant vers l'Angakok, me crois-tu donc si bête que tu as espéré me tromper?

— Si j'avais désiré te tromper, me répondit-il doucement, t'aurais-je amené jusqu'ici? J'ai voulu au contraire que tu voies tout par tes propres yeux.

— Alors qui donc trompe-t-on? lui dis-je en lui désignant ses compagnons occupés à démolir la grossière image de Tupilak.

— Mais on ne trompe personne, tous ces hommes sont initiés aux mystères des chasseurs de baleines, tous ont déjà de nombreuses encoches faites sur le manche de leur lance d'honneur.

— Et ces encoches représentent?

— Le nombre de baleines qu'ils ont immolées eux-mêmes et avec leurs propres ressources.

— Alors à quoi bon cette comédie? ajoutai-je en haussant les épaules.

— Ce n'est pas une comédie, mais un mystère ; une cérémonie religieuse dans laquelle l'Angakok rappelle à ses braves compagnons que le Dieu du mal Tupilak ne saurait résister aux Innoït initiés aux mystères de la pêche, parce que ceux-ci sont soutenus par Tornasouk, le génie qui représente le bon et le suprême soutien de toutes choses.

J'avais bonne envie de me moquer de mon nouvel ami, mais je réfléchis un instant et je me souvins qu'en Europe bon nombre de spectacles et de cérémonies ne sont en somme que des emblèmes rappelant aussi l'éternelle lutte du bien et du mal, et je me dis, qu'après tout, pour des sauvages esquimaux, la scène était assez bien jouée.

Je pensais que nous allions nous rembarquer ; mais il n'en fut rien.

— Nous avons, me dit l'Angakok, une expédition à faire dans l'intérieur des terres. Quand tu y auras assisté tu connaîtras à fond nos croyances, nos mystères, nos coutumes et tu pourras hardiment venir avec nous te livrer à la chasse des baleines, des phoques et des terribles morses.

— Mais que sont devenus nos pagayeurs ? demandai-je. Pourquoi se sont-ils éloignés comme s'ils étaient pris de peur et pourquoi ne viennent-ils pas avec nous ?

— Parce que, me répondit le frère de Joë, cet honneur ne leur est pas encore permis. Ces quatre jeunes gens ne sont que des apprentis, et peut-être leur faudra-t-il encore plusieurs années pour recevoir l'initiation suprême.

Nos compagnons avaient soigneusement amarré leurs kaïaks à la rive. Ces bateaux sont si légers qu'un homme peut aisément porter son embarcation à travers les sentiers les plus impraticables. Je conclus de là que nous reviendrions à ce point du rivage, et que sans doute nos néophytes avaient mission de venir nous y prendre.

Le ciel s'était couvert et l'obscurité devenait profonde ; néanmoins nos hommes se placèrent en file, et nous nous avançâmes, l'un suivant l'autre, à travers des pentes rapides, sur un terrain rocailleux et dépourvu de toute végétation. J'occupais une des meilleures places de la colonne, mais, comme l'Angakok était placé immédiatement devant moi, je me mis en mesure de ne pas retarder la marche de mes compagnons.

Je voulus lui adresser une question.

— Tais-toi, me dit-il. C'est du silence absolu que nous observerons que dépend le succès de notre entreprise.

Nous marchâmes donc sans mot dire ; le bruit des pierres que nos pas faisaient rouler sur les pentes, troublait seul le calme de la nature. Nous atteignîmes ainsi, après au moins deux heures d'efforts, le sommet d'une montagne, sur la crête de laquelle nous continuâmes de nous aventurer.

Sur un signal du chef, la colonne s'arrêta, et chacun s'accroupit sur le sol à la façon des tailleurs d'Europe ; j'imitai mes compagnons et je vis l'un de nous s'éloigner en rampant et disparaître dans l'ombre sans qu'aucun bruit décelât sa marche et ses mouvements. Mes yeux, qui s'habituaient à l'obscurité, s'arrêtaient sur une sorte de ligne noire qui semblait s'estomper dans l'épaisseur des ombres. Je finis par supposer que nous étions près de la lisière d'une forêt.

Tout à coup je vis grandir et se dessiner dans le vague de la nuit la silhouette de notre avant-coureur ; il s'avançait avec une telle prudence que, si mon attention n'eut pas été attirée de ce côté, il aurait pu s'approcher du grand prêtre sans que mon oreille m'eût prévenu de son retour. Il fit quelques signes que je ne pus comprendre. Le frère de Joë se leva, et, après avoir levé ses deux bras en l'air, il me prit les mains.

— Suis-moi et sans bruit, me dit-il si bas que sa parole me parut un souffle.

Et il m'entraîna lentement ; ses pieds et les miens se soulevaient à peine du sol et glissaient, s'arrêtant au moindre obstacle : jamais serpent n'a changé de place plus silencieusement ; quant à nos compagnons, ils avaient disparu sans qu'il m'eût été possible de voir de quel côté ils s'étaient dirigés ; on eut dit que la terre s'était entr'ouverte sous leurs pieds pour les engloutir silencieusement.

Je m'aperçus que nous nous dirigions vers cette ligne horizontale foncée que j'avais prise pour la lisière d'un bois : je ne m'étais pas trompé ; quelques instants après, mon guide et moi, toujours la main dans la main, nous nous enfonçâmes dans un fourré d'arbres verts dont les aiguilles résineuses nous frappaient la figure. Je me laissai néanmoins conduire et après avoir marché pendant un grand quart d'heure, dans ces taillis plus obscurs qu'un four, j'arrivai, derrière l'Angakok, dans une clairière au milieu de laquelle j'aperçus, se détachant sur le ciel gris sombre, la noire silhouette de trois cases aux toits coniques, et qui de loin ressemblaient assez à trois ruches d'abeilles. A la forme même de ces demeures en tout pareilles à celles où les compagnons de Joë m'avaient donné l'hospitalité, je reconnus qu'elles devaient être habitées aussi par des Esquimaux.

Si le silence le plus absolu ne m'eût été recommandé, j'aurais certainement interrogé mon guide. Quel mobile pouvait expliquer cette expédition nocturne et environnée de tant de précautions minutieuses ? J'étais trop honteux d'avoir si mal jugé nos braves compagnons, la première fois que je les avais rencontrés accomplissant les pratiques superstitieuses de leur culte, pour imaginer un instant qu'il s'agissait de venir nuitamment surprendre et piller une autre tribu de même race. Je regardais donc attentivement et anxieux, mais sans oser formuler une hypothèse.

Mon regard, attaché sur les trois huttes formant le misérable village, vit subitement la porte basse de l'habitation placée au milieu des deux autres s'ouvrir de l'extérieur à l'intérieur et laisser passer les rayons de la lampe fumeuse alimentée d'huile de phoque qu'on a coutume, chez les peuples innoïts, de suspendre au centre de la demeure et de laisser allumée toute la nuit. Un homme à moitié courbé vers la terre éclipsa un instant cette faible lueur et entra dans la cabane. Mon guide, me tirant par la main, me fit signe de me pencher et, exécutant lui-même ce mouvement, il m'entraîna toujours silencieusement vers cette porte ouverte. Il s'arrêta un instant avant d'y pénétrer, écoutant si aucun bruit ne se faisait entendre aux environs.

Rassuré sans doute par cette expérience, il pénétra dans la demeure ouverte, et j'y entrai guidant mes pas sur ses pas. Un spectacle extraordinaire frappa mes regards.

Six de nos compagnons nous avaient précédés dans cette sorte de visite domiciliaire et étaient allés s'accroupir le long des parois de bois brut servant de muraille à la maison. Au milieu, sur une table recouverte de fourrures de renards argentés, était couché un homme, vêtu de son costume de pêche et qui semblait dormir. Près de lui et à portée d'une de ses mains étaient ses armes : une petite hache en pierre, un couteau d'ardoise, une lance à pointe de verre taillée, un arc et ses flèches. De l'autre côté étaient étalés ses instruments de pêche : des aloudaks montés servant au dépècement des baleines ; la javeline et la planchette formant levier avec laquelle on lance l'instrument de mort dans les flancs de l'animal ; une ligne servant pour la pêche sous la glace en hiver, et un assommoir en pierre noire employé à achever les animaux marins.

Je m'approchai et, à la lueur fumeuse produite par la mèche d'herbes sèches qui s'avançait en dehors de la lampe de pierre pendue au plafond, je m'aperçus que celui que j'avais pris pour un dormeur était froid et rigide. C'était un cadavre !

L'Angagok saisit les mains du mort et les tritura un instant dans les siennes, fit quelques signes avec son pouce sur sa face blémie et le désigna à ses six compagnons immobiles. Ceux-ci, s'avançant avec l'impassibilité des spectres, se placèrent à distance les uns des autres et, saisissant le corps immobile, le soulevèrent et l'emportèrent comme si c'eût été un fêtu de paille.

Bien que la porte fût très basse, ils sortirent sans bruit et sans que leur funèbre fardeau touchât le sol ou les parois de l'entrée : ils disparurent dans l'obscurité extérieure. Le frère de Joë me fit signe du doigt, et je le suivis hors de la cave mortuaire, me demandant ce que signifiait un pareil rapt et un tel sacrilège.

Nous revînmes à nos embarcations silencieusement, comme nous en étions sortis; nos quatre pagayeurs nous attendaient; l'Angakok et moi nous ne tardâmes pas à quitter le rivage et à nous retrouver en pleine mer. Je pensai que le moment était venu de l'interroger.

— Un peu de patience, me dit-il, et tu sauras tout.

Nous entrâmes dans l'eau formée par l'embouchure d'une rivière rapide. Malgré l'obstacle que nous opposait le courant, grâce à l'habileté et à la vigueur de nos rameurs, nous pénétrâmes bientôt dans le cours même du fleuve que nous remontâmes à force de rames. Sur certains points, mes vaillants conducteurs se mettaient à la nage et nous halaient du rivage pour nous faire franchir des rapides. Le frère de Joë profita de ces moments où nous restions seuls sur la barque plate pour me donner des explications sur le mystérieux enlèvement du cadavre déposé près de nous.

— Cet homme, me dit-il, était un brave entre les braves ; à la pêche, à la chasse et dans tous les combats, il s'est montré le modèle de sa tribu ; les faits d'armes qu'on raconte de lui sont innombrables. C'est pour cela que nous l'avons choisi afin d'un faire un génie que nous adorerons.

— Mais pourquoi l'avoir ravi au repos éternel, auquel lui donnait droit, plus qu'à quiconque, sa vie exemplaire ?

— Parce que, me répondit l'Angakok d'un ton de conviction profonde, Tornasouk m'a ordonné d'en faire une momie tutélaire. Tu assisteras aux cérémonies sacrées qui rendront son cadavre immortel ; tu verras son corps purifié par des ablutions dans les eaux transparentes du fleuve ; puis tu auras le dernier mot du mystère auquel tu as déjà assisté et qui a failli te coûter la vie.

— Alors vous allez aussi boucaner ce corps et le transporter dans la grotte où je vous ai rencontrés ?

— Sans doute, et quand tu auras enduit tes armes de sa graisse, tu pourras sans crainte venir avec nous te livrer à la poursuite des baleines...

Ici finissait la partie lisible du manuscrit. Nous n'y ajouterons qu'un mot : c'est que les faits qui y sont racontés, tout incroyables qu'ils puissent paraître, sont absolument vrais, et que des savants estimables, des hommes à la parole desquels on est obligé de croire, ont rapporté de leurs pénibles voyages, dans ces contrées inabordables et inhospitalières, des récits qui confirment la narration du matelot inconnu dont nous avons recueilli quelques pages.

LE NAUFRAGE
DE LA « JEANNETTE »

I

La *Jeannette* était un joli steamer de quatre cent-vingt tonneaux que M. James Gordon-Bennett, le généreux propriétaire du *New-York-Herald*, acheta en vue d'une expédition arctique organisée à ses frais par les soins de l'amirauté américaine. Le commandement en fut confié au capitaine de Long, de la marine nationale des États-Unis, que sa connaissance des mers polaires et la part brillante qu'il avait prise à la recherche du *Polaris* désignaient hautement pour ce poste de choix.

De Long vint en 1878 au Havre chercher la *Jeannette* et la conduisit à San-Francisco, où, dans les chantiers de l'État, elle fut installée et renforcée en vue de son séjour dans les glaces.

A l'état-major du navire, composé des lieutenants Chipp et Danenhover, du chef mécanicien Mélaille, du docteur Ambles et du pilote des glaces Dunbar, furent adjoints le naturaliste Newcomb et le docteur Collins, correspondant du *New-York-Herald* et météorologiste distingué. L'équipage fut formé spécialement d'hommes éprouvés et choisis, et la *Jeannette* comptait en tout à son bord trente-trois personnes, dont deux Chinois servant comme cuisinier et maître-d'hôtel et deux Indiens pris à Saint-Michel (Alaska) comme conducteurs de traîneaux.

Rarement un navire arctique fut aussi complètement pourvu de tout ce qui pouvait contribuer au succès de l'expédition ainsi qu'au bien-être et à la santé du personnel ; de plus, on y embarqua pour trois années de vivres, terme dépassant de beaucoup celui assigné au voyage.

Le 8 juillet 1879, la *Jeannette* partit de San-Francisco. Son objectif immédiat était de chercher à l'ouest de Wrangell un passage pour atteindre la mer libre et s'élancer vers le nord ; en cas d'insuccès, elle comptait hiverner près de Wrangell, en explorer les côtes, et l'été suivant renouveler ses efforts.

Les dernières lettres reçues de la *Jeannette* après son entrée dans les mers arctiques furent déposées par elle au cap Serdze ; le capitaine de Long y disait, à la date du 29 août 1879, « que tout allait bien à son bord, et qu'il se disposait à appareiller la nuit suivante pour la terre de Wrangell. »

Quelques jours après, en effet, le 2 septembre, le baleinier américain *Sexbreeze* aperçut la *Jeannette*, mais sans communiquer avec elle, à environ huit milles dans le sud de l'île Hérald. C'était la dernière fois qu'on devait voir ce noble navire !

L'année qui suivit le départ, au printemps de 1880, l'Amirauté américaine envoya le steamer *Corwin* en croisière dans le nord du détroit de Behring, avec mission de rechercher deux navires baleiniers non revenus de la dernière saison de pêche, et aussi de rapporter, si possible était, quelque nouvelle de la *Jeannette*. Cette croisière, fort bien conduite par le capitaine Hooper, fournit à de nombreux points de vue d'excellents résultats en tant que connaissance plus approfondie de ces parages et d'étude plus complète des glaces ; mais, malgré de grands efforts et quoique ayant risqué bien des fois de se voir lui-même saisi dans la banquise, le *Corwin* ne put rien apprendre de la *Jeannette*.

Toutefois, il retrouva dans l'ouest du cap Serdze les débris des deux baleiniers disparus ; à bord de l'un d'eux, le *Vigilant*, se trouvaient encore quatre cadavres, mais on ne sut rien du reste des équipages : il est à croire qu'une fois leurs navires broyés par les glaces, ces malheureux se sont dirigés vers la côte pour y chercher des secours et que, comme autrefois les équipages de Franklin, ils ont tour à tour succombé sous les coups redoublés du froid et de la faim.

Ce fait, hélas ! n'est pas rare dans cette partie des régions polaires : outre le sort des expéditions célèbres de Schalauroff, de Behring et de tant d'autres, on peut en effet citer, à une époque qui est la nôtre, les noms de quarante-cinq navires baleiniers qui, depuis 1871, se sont perdus rien que dans ces parages.

Sur ce nombre, 33 emprisonnés dans les glaces ont été entraînés avec elles; la plupart de leurs équipages avaient pu les abandonner à temps, mais beaucoup d'autres, dans le vain espoir de sauver leur navire, étaient restés à leur bord, et l'on n'a plus entendu parler d'eux.

Le *Corwin* revint donc, et la saison de pêche de 1880 se terminant sans que personne apportât de la *Jeannette* une nouvelle quelconque, l'opinion publique commença à s'inquiéter. Dans les colonnes du *New-York Herald* fut publiée une très remarquable série d'articles de fond et de savantes études, dans lesquelles les hommes les plus versés dans les questions arctiques discutaient les probabilités du sort de la *Jeannette* et insistaient sur la nécessité de lui envoyer au printemps prochain un navire de secours. Bref, en février 1881, les Chambres votaient à l'unanimité les fonds nécessaires (900,000 francs) pour l'organisation de missions de recherches.

Ces expéditions nouvelles, où et par où les envoyer? Où pouvait se trouver la *Jeannette*?

Du point où, pour la dernière fois, on l'avait vue, c'est-à-dire à huit milles dans le sud de l'île Hérald, la route droit au nord lui eût été bien vite fermée par la banquise.

La route du nord-est l'eût obligée, ou bien d'entrer dans la banquise et alors elle aurait été entraînée vers la terre de Grinnel; ou bien de fuir la banquise et de revenir ainsi par un grand détour hiverner sur la côte nord d'Alaska. Cette route au nord-est n'était donc certainement pas probable; toutefois, en prévision de cette éventualité, des recherches furent faites dans le nord du détroit de

Robeson, sur les côtes d'Amérique, par le lieutenant Ray.

Mais il était bien plus à supposer que, d'après le plan même du voyage, la *Jeannette*, faisant route à l'ouest, avait tenté le passage soit par le sud, soit par le nord de l'île Wrangell; l'hiver arrivant vite, peut-être le capitaine de Long avait-il trouvé là un port de refuge à l'abri des grands vents polaires; puis l'année suivante, au printemps de 1880, continuant sa route vers l'ouest, il s'était efforcé, sans doute aussi, d'atteindre la mer libre pour remonter haut vers le pôle.

Ce plan réussissant, c'est par le Spitzberg et par l'est du Groenland qu'on verrait revenir la *Jeannette* ou qu'on recevrait de ses nouvelles.

En vue de cette probabilité, le navire l'*Alliance* fut donc envoyé, sous les ordres du capitaine Wadleigh, croiser dans ces parages.

Mais si, au contraire, la *Jeannette*, emprisonnée ou broyée par les glaces, avait dû être abandonnée par son équipage, il n'était pas à douter que, soit en traîneaux, soit en embarcations, le capitaine de Long et ses hommes ne se fussent dirigés, soit vers les côtes de Sibérie, soit vers l'île de Wrangell avec l'espoir d'y être vus par quelque baleinier, et c'était là par suite qu'il fallait tout d'abord expédier des secours.

Le steamer *Rodgers*, mis sous les ordres du lieutenant Berry, fut acheté et armé dans ce but, et, parti de San-Francisco le 16 juin 1881, il mouillait le 25 août suivant dans une petite anse à l'abri des glaces flottantes sur la côte est de Wrangell. Les explorations commencèrent immédiatement, et trois détachements se mirent en route, dont un en traîneau vers l'intérieur des terres, et deux dans des directions contraire, devaient contourner et longer de près les côtes. Après de rudes fatigues vaillamment supportées, tous revinrent à bord; ils n'avaient trouvé aucune trace de la *Jeannette*, elle n'avait donc pas hiverné là; mais le mystère de la terre de Wrangell était éclairci : les routes des deux embarcations s'étaient presque croisées au nord : cette terre était une île.

Ce problème géographique résolu, le *Rodgers* entreprit sur le bord de la banquise une très remarquable croisière, risquant bien des fois sa propre existence. Il fut assez heureux pour recueillir l'équipage d'un baleinier écrasé, mais de la *Jeannette*, rien !

Chassé par les glaces à mesure que s'avançait la saison, le *Rodgers*, avant de quitter ces parages, laissa à 20 milles dans l'ouest du cap Serdze un groupe de sept hommes qui devaient pendant l'hiver explorer en traîneaux les côtes de Sibérie, puis il se rendit pour hiverner lui-même à l'île Saint-Laurent. Il y arrivait le 15 octobre et le 30 novembre ce vaillant navire était, au milieu des glaces, la proie des flammes; le feu, qui avait pris naissance dans la cale, ne put être éteint et le *Rodgers* sombra. Ce désastre qui ne coûta fort heureusement la vie à personne, ne fut connu en Europe que six mois après, en mai 1882.

Un bâtiment anglais devait aussi périr à la recherche de la *Jeannette*. M. Leigh Smith, le vaillant explorateur des terres François-Joseph en 1880, y retourna en juin 1881, à bord de son yacht l'*Eira* qu'il commandait lui-même. L'*Eira* fut écrasée par les glaces et ce n'est qu'au mois d'août 1882 que le steamer anglais *Hope* rencontra et recueillit l'équipage.

A tous ces moyens de secours envoyés à la *Jeannette*, ajoutons une seconde croisière du *Corwin* au nord du détroit de Behring, et les recherches faites par le *Wilhelm Bareutz* que, depuis cinq années, le gouvernement hollandais envoie dans les environs de la Nouvelle-Zemble étudier le mouvement et l'état des glaces. Disons enfin qu'une expédition danoise se disposait à partir pour la Nouvelle-Sibérie, à bord de la *Dijmphna*, sous les ordres du lieutenant Havgaard.

Mais, nous le savons maintenant, toutes ces recherches devaient être vaines. Le troisième hiver depuis le départ de la *Jeannette* avançait, et, malgré tant d'efforts et de généreux élans, la plus légitime inquiétude existait encore, quand soudain, le silence fut rompu.

Le 20 décembre 1881, une dépêche arrivait à Paris, adressée par le gouvernement au représentant du *New-York-Hérald*; en quelques mots, le gouverneur d'Irkoutsk annonçait que trois indigènes avaient rencontré dans la partie est du delta de la Léna onze naufragés de la *Jeannette* ayant beaucoup souffert et manquant de tout. D'après leur dire, la *Jeannette* avait sombré et le reste de l'équipage, mourant de faim, devait se trouver avec deux embarcations à l'ouest du delta. « Des expéditions de secours, ajoutait la dépêche, étaient déjà en route, cherchant ces malheureux. »

Ainsi, le vide de l'inconnu venait de se déchirer

enfin, et l'on allait bientôt connaître les réalités de ce terrible drame.

Succinctement, mais dans l'ordre chronologique des faits, nous allons dire maintenant quel a été ce voyage, désormais l'un des plus douloureusement célèbres dans les fastes arctiques.

Le 2 septembre 1879, la *Jeannette*, qu'on avait pour la dernière fois vue dans le sud de l'île Hérald, laissait cette île dans l'ouest, puis faisait route au nord-ouest, comptant ainsi pénétrer assez loin entre la grande banquise du nord et celle du large de la côte de Sibérie, pour pouvoir, l'été suivant, gagner le bassin de la mer libre. Mais déjà l'hiver avançait ; la jeune glace, se formant, obstruait les passages, et deux jours après, à quatre heures du soir, la *Jeannette*, entourée de glaces de huit pieds d'épaisseur, était définitivement prisonnière ; on relevait alors l'île Hérald à 31 milles dans le S.-O.

Depuis plusieurs jours, occupés par les préparatifs d'hivernage, le capitaine de Long avait envoyé en traîneau un petit parti d'exploration pour déposer à l'île Hérald des documents relatant la situation du navire ; malheureusement, on n'y put parvenir ; car un chenal de plusieurs milles d'eau encore à peu près libre séparait cette île de la banquise, et une embarcation était indispensable pour y arriver.

Pendant cinq mois, la *Jeannette*, toujours prisonnière, resta en vue de cette île ; mais la tentative déjà faite pour l'atteindre ne fut pas renouvelée : le navire dérivant alors, entraîné par la banquise, s'éloignait peu à peu vers le N.-O., et l'on pouvait craindre que ce mouvement de dérive, s'accentuant tout à coup, les hommes envoyés à l'île Hérald ne se trouvassent pour tout jamais séparés de leur navire. Combien, cependant, les recherches ultérieures eussent été facilitées si, au printemps 1880, le *Corwin* avait trouvé à l'île Hérald des traces certaines de la route de la *Jeannette* ?

La longue nuit polaire commença le 10 novembre et dura jusqu'au 25 janvier 1880. Nous n'entrerons pas ici dans les détails de la vie à bord de la *Jeannette*, où, comme pour tous les navires arctiques, tout était parfaitement réglé pour maintenir autant que possible la santé des hommes et chasser de leur esprit toute cause d'affaissement. Nous dirons seulement que de très nombreuses observations scientifiques furent faites par l'état-major au point de vue du magnétisme, de la météorologie, de l'étude des fonds de l'océan polaire, des courants, des vents, etc., etc. De très nombreuses photographies d'aurores boréales furent prises, et la faune arctique elle-même ne fut pas oubliée.

L'hiver fut très dur et la température descendit à 40° centigrades au-dessous de 0 ; chacun supporta le froid vaillamment. Mais, pour le navire, un fait s'était produit, qui ne laissa pas que d'inspirer des craintes sérieuses sur le sort de la *Jeannette* ; au commencement de novembre, sous l'influence de très fortes marées, de nombreuses fissures s'étaient faites dans la glace tout autour du navire et la *Jeannette* flotta.

Mais lorsque, le froid se faisant sentir, ces fissures se refermèrent, la pression des glaces sur les flancs du navire fut tellement considérable que les ponts furent soulevés de deux centimètres au-dessus des bancs, et l'on craignit un instant de voir la *Jeannette* se briser sous l'effort de la banquise; tout fut dès lors préparé en vue d'un abandon forcé du navire. Il n'en fut rien cependant pour cette fois, grâce aux efforts tout spéciaux qu'avait reçus la carène; — mais une avarie grave, une forte voie d'eau s'était produite dans le brion déchiqueté par la glace. Malgré l'établissement d'une cloison étanche, il fallut dans la suite, et pendant dix-huit mois, pomper chaque jour l'eau glacée qui envahissait la cale.

Cependant, la *Jeannette*, entraînée par sa prison même, dérivait toujours, tantôt lentement, tantôt plus vite, selon les vents; tantôt avançant, tantôt reculant; mais, en somme, portée au nord-ouest de 50 milles en cinq mois; à l'aide d'observations astronomiques, la route de dérive était tracée sur la carte.

La banquise ne formant qu'un seul bloc se transportait tout entière, et, d'après les journaux de bord des officiers de la *Jeannette*, leur opinion était que toute cette masse considérable de glace (une fois brisée par la débâcle) sortirait du bassin polaire, soit par le détroit de Smith, soit par l'est du Groenland...

Les mois d'été 1880 s'écoulèrent tristes et brumeux, sans modifier en rien la position du navire prisonnier de la banquise, et en septembre 1880, la *Jeannette* se trouvait entourée de glaces de 10 pieds d'épaisseur, des blocs énormes grimpant le long du bord jusqu'aux bastingages.

Le second hiver fut, comme le premier, vaillamment supporté par ces hommes énergiques. La santé générale s'altérait un peu cependant, et en mai 1881, le terrible scorbut apparaissait à bord; la chasse donnant peu, les vivres frais étaient rares, et, en prévision de l'avenir, on dut même, à partir de cette époque, diminuer de quelque peu les rations journalières.

Le 16 mai, il y eut à bord une certaine émotion : Dunbar, le pilote des glaces, annonçait une terre en vue ! Et c'était merveille pour ces malheureux, qui, depuis quinze mois, n'avaient vu que le ciel et la glace ! Mais cette terre, aucune carte ne l'indiquait dans ces parages ! C'était donc une découverte nouvelle, c'est-à-dire pour eux un honneur et un triomphe ! Cette terre, c'est une île, petite d'aspect, triste, dénudée mais elle leur fit plaisir à voir, et ils la baptisèrent du nom glorieux de leur navire : c'est l'île *Jeannette*.

Trois jours après, une autre terre se montra, encore une île inconnue jusqu'alors, et qui reçut le nom d'Henriette.

Le navire, toujours entraîné, passa en dérivant au nord de ces îles, et même assez près de l'île Henriette pour qu'un parti d'exploration y allât planter le pavillon national; puis, la dérive continuant, on les perdit de vue dans le S.-E.

II

Cependant l'été approchait, et dans la banquise, désagrégée en outre par le voisinage de ces îles, se voyaient de nombreuses fissures rayonnant tout autour du navire ; le 12 juin enfin, la *Jeannette* se trouvait à flot, au milieu d'un petit lagon d'eau bleuâtre, de l'aspect le plus séduisant pour des marins que, depuis vingt-et-un mois, la glace emprisonne ! La joie est dans tous les cœurs ! Peut-être, enfin, est-ce la débâcle ? Si la banquise lâchait sa proie ! Et chacun se met à l'œuvre, et l'on dispose tout à bord pour faire route au premier moment et profiter de toute occasion propice. Mais que cette joie fut de courte durée !

Bientôt, en effet, les fissures se comblent, les mouvements de la glace sont visibles ; c'est la banquise qui se referme sur elle-même ; elle se rapproche du navire, elle l'étreint, elle le presse ; des blocs énormes, soulevés, bousculés, se chevauchent et se brisent ; c'est un chaos de bouleversement sans fin, accompagné de bruits terribles et de détonations inattendues. Rien ne peut résister à cet effort ; la *Jeannette* saisie, mordue entre les deux champs qui se rejoignent, s'incline sur tribord ; ou les glaçons passeront dessous et chavireront le navire, ou ils l'écraseront et passeront au travers.

Les cris de la glace sont sinistres et les craquements du navire y répondent, serrant affreusement le cœur des plus braves. La *Jeannette* gémit et tremble dans ses membrures ; de la pomme des mâts à la quille, elle se tord et se débat, comme pour échapper à cette formidable étreinte ; les flancs vont céder, les ponts se courbent, les bordages se séparent. Le capitaine de Long est sur le pont ; il dirige l'abandon de son navire ; depuis longtemps tout était prêt en vue de la catastrophe ; en hâte on amène les embarcations, on débarque les traîneaux, les chiens, les approvisionnements de tous genres, les vivres et les armes.

Chacun est calme, chacun fait son devoir. Le pavillon national est hissé, il flotte en tête du mât ; dans ce combat, dans cette lutte suprême contre la nature, le navire peut sombrer ; mais ce pavillon, c'est l'honneur, c'est la patrie, c'est la famille, c'est l'affection sacrée pour tous les cœurs, et tous les cœurs sont vaillants !

Un moment cependant la pression des glaces se relâche, mais c'est pour un dernier effort ; car tout à coup le navire s'incline sur tribord : les glaces se sont rejointes à travers la carène, et l'eau envahit l'intérieur. Il n'y a plus personne à bord ; la *Jeannette* s'enfonce à vue d'œil, mais, soutenue par les glaces qui se sont glissées sous la coquille, elle ne disparaît pas encore.

L'œuvre de la destruction s'est accomplie et tout bruit a cessé ; les voix elles-mêmes se taisent ; c'est un silence morne, sinistre et ténébreux, qui se transforme en terreur, le silence que l'on écoute, que l'on voit, que l'on sent !

Trente-trois hommes sont là, à cinq cent milles de tout secours possible, sur cette même glace qui vient d'écraser leur navire, et qui peut, à chaque instant, les engloutir eux-mêmes. Pour eux, que sera l'avenir ? Mais il ne faut pas laisser à l'équipage le temps des réflexions sombres ; de suite on se met à l'œuvre, et un campement de tentes en toile est construit sur la glace, non loin de la *Jeannette*.

Cependant, avant la nuit, quelques hommes se rapprochent du navire, comme pour le voir une fois encore et lui dire un dernier adieu ; mais pourquoi s'éloignent-ils soudain ? C'est que, tout près de la *Jeannette*, ils ont vu leur capitaine pensif et absorbé ; il est là, la tête penchée sur sa noble poitrine, ayant sous les yeux le spectacle de l'impuissance humaine en face des éléments déchaînés ; mais il sonde l'avenir et puise, dans ce spectacle même, des forces nouvelles, car il n'est pas seul, et sur lui repose le salut de tout son équipage.

Ces hommes, à l'écorce rude, mais au cœur généreux, ont lu cela dans l'attitude de leur capitaine, et, par un sentiment d'exquise délicatesse, ils respectent son silence et le laissent seul à ses pensées, près de son navire qui s'enfonce. Ainsi l'avenir est sombre, tous le savent, mais pas une parole de découragement ne se fait entendre; l'obéissance aux chefs est basée sur la confiance, sur le respect, sur l'affection même ; le navire n'est plus, mais le capitaine est toujours là, et chacun s'incline devant lui.

La première nuit qui s'écoula fut pénible ; la glace se brisa sous l'une des tentes, et l'on dut, au plus vite, aller camper ailleurs. Puis, à onze heures du matin, le lundi 13 juin, un craquement terrible se fit entendre ; les glaces qui soutenaient encore la *Jeannette* venaient, en se brisant, de lui livrer passage, et le navire sombrait. Les mâts et les vergues, brisés mais retenus par les manœuvres, s'enfoncent avec lui ; puis les glaces se rapprochent, se referment; et ce fut une émotion poignante que de ne plus rien voir, rien, sur ce sol mouvant qui, depuis deux ans bientôt, emprisonnait la *Jeannette*.

Dès ce jour même les préparatifs commencèrent pour la retraite. Il s'agissait d'atteindre avec trente-trois hommes l'embouchure de la Léna, distante de plus de 500 milles ; on avait, de plus, à nourrir vingt-quatre chiens destinés aux traîneaux ; aussi le matériel, réduit au strict minimum, était-il considérable. Il fallut cinq traîneaux pour contenir les approvisionnements de tous genres, les instruments nautiques, les médicaments, les armes de chasse et les munitions ; un sixième fut disposé spécialement pour les malades et, sur trois autres, enfin, furent chargées trois embarcations dont on espérait pouvoir bientôt se servir.

Le poids total à traîner montait au chiffre énorme de 15,400 livres.

L'équipage, divisé en trois groupes, fut réparti ainsi qu'il suit entre les trois embarcations :

Le canot du n° 1, long de 6ᵐ20, sous les ordres du capitaine de Long, comprenait : le docteur James Ambley, le météorologiste Jérôme Collinsel, onze hommes. Total : 14.

Le canot n° 2, long de 4ᵐ90, sous les ordres du premier lieutenant, Charles Chipp, comprenait : le pilote des glaces, William Dunbar, et 6 hommes. Total : 8.

La baleinière, longue de 7ᵐ80, eût dû se trouver sous les ordres du 3ᵉ lieutenant, Danenhover ; mais ce malheureux officier, atteint pendant la campagne d'une terrible affection des yeux causée par la réverbération des glaces, se trouvait alors à moitié aveugle et avait besoin que l'on guidât ses pas ; c'est donc au chef mécanicien, George Melville, que fut donné le commandement du troisième groupe composé : du lieutenant Danenhover, du naturaliste Newcombe et de 8 hommes. Total : 11.

A chaque groupe furent distribuées des armes et des munitions, une tente, une couverture imperméable, une casserole et une lampe à esprit de vin.

Les vivres consistaient principalement : en *pemican*, thé et biscuit, et la ration journalière de chacun formait, tout compris, un poids de 900 grammes.

Enfin il fut décidé que l'on voyagerait de nuit, la réverbération des glaces pendant le jour étant pour les yeux une très grande fatigue.

Le 17 juin au soir, tout était prêt, l'ordre du départ fut donné, et on se mit bravement en route vers le sud, le cœur plein d'enthousiasme et de courage. En tête, et un peu en avant, marchait Dunbar, le pilote des glaces qui choisissait la route et l'indiquait par un pavillon noir sur lequel se dirigeaient les traîneaux.

On s'imagine difficilement ce qu'est un voyage à travers la banquise ; souvent la glace se brise sous le poids des traîneaux, ou bien les hommes disparaissent dans les fondrières dont la neige accumulée dissimulait la présence ; ici ce sont des rochers de glace, qu'il faut escalader ou tourner ; là, au contraire, ce sont des fissures, des crevasses d'eau courante, si larges qu'il faut, pour les traverser, ou bien mettre les embarcations à la mer, ou bien trouver un glaçon flottant assez fort pour servir de radeau et supporter le poids des traîneaux tout chargés.

Les longs hurlements de la glace qui se fend sous les pieds, ou qui au loin se soude et crie, remplissent le voyageur d'épouvante ; autour de lui, des escarpements se dressent, les plaines liquides se solidifient, la route du salut se ferme ; il se sent dans un isolement profond, absolu, et son courage, sa raison même, ont à subir d'étranges assauts.

Aucune de ces misères ne devait manquer aux naufragés de la *Jeannette*; le jour même du départ, trois traîneaux furent brisés, parmi lesquels celui de la baleinière. Deux jours se passèrent à opérer le sauvetage, à transborder les cargaisons ; deux traîneaux irréparables furent abandonnés, puis l'on se mit en route. Mais bientôt le travail et la fatigue devinrent tels qu'il fut impossible de faire avancer plus d'un traîneau à la fois, et il n'était pas trop pour cela des efforts de tout l'équipage ; de sorte que ces malheureux, sept fois traînant une charge et six fois les mains vides, parcouraient ainsi treize milles pour avancer seulement de un.

On ne saurait imaginer un genre de labeur qui détruise plus vite l'énergie des hommes ; ils y épuisent leurs forces et leur moral, et lorsqu'après une journée de travaux écrasants, on voit encore à portée de fusil le campement de la veille, on se sent prêt à désespérer.

Que fut-ce donc lorsque, huit jours après le départ, les officiers de la *Jeannette* constatèrent que la banquise dérivait plus vite qu'ils ne marchaient eux-mêmes ! Huit jours venaient de s'écouler, huit jours de fatigues énormes pour faire de la route au sud, et ils se trouvaient reportés à vingt-sept milles dans le nord-ouest de leur point de départ. Ce fait, soigneusement caché à l'équipage, ne se présenta plus, du reste ; le mois de juillet arrivait, la neige, en fondant, laissait la glace à nu, et le hâlage devenant ainsi plus facile, on put, certains jours, en faire avancer deux à la fois.

Le 12 juillet, une terre parut à l'horizon, une île inconnue jusqu'alors et qui reçut le nom d'île Bennett ; il fallut quinze jours pour atteindre cette terre nouvelle, dont le capitaine de Long prit solennellement possession au nom de l'Amérique.

La retraite durait alors depuis six semaines et plusieurs hommes commençaient à ressentir les fatigues du voyage ; aussi décida-t-on de s'arrêter huit jours à l'île Bennett. On répara, pendant ce temps, les avaries nombreuses des embarcations et des traîneaux.

Le 4 août on se remit en route. Mais à mesure qu'avançait la saison chaude, la glace, devenant de plus en plus légère, se brisait facilement sous le poids des traîneaux ; des crevasses de plus en plus grandes se faisaient dans la banquise, et plusieurs fois par jour il fallut mettre à la mer les embarcations et y charger le matériel, pour un instant après les rehisser d'abord sur la glace, puis sur leurs traîneaux. Dans ces manœuvres un traîneau de vivres fut englouti et perdu.

La fatigue devenait énorme, de tous les chiens, il n'en restait que deux ; tout le reste était mort, noyé ou mangé ; l'on dut, pour alléger les charges, abandonner tous les objets superflus, ne gardant même que les trois traîneaux portant les embarcations.

Ce travail écrasant eut toutefois sa récompense et il arriva certains jours qu'à travers les glaçons brisés, on put faire jusqu'à dix milles à la voile dans les embarcations.

Bref, après un petit temps d'arrêt aux îles Thaddeus et Kolednoï, on arriva le 19 septembre à l'île Séménoff.

Ce voyage, à la fois sur glace et sur l'eau, avait été la cause d'avaries nombreuses pour les embarcations qui, tantôt glissaient des traîneaux, tantôt s'échouaient sur une glace coupante, tantôt enfin, transpercées par la pointe d'un glaçon, menaçaient de sombrer sous une forte voie d'eau. Il avait souvent fallu attendre le canot n° 2 et même retourner en arrière pour lui porter secours, car, petit et mauvais voilier, il n'avait en outre qu'un bien faible équipage pour le hâler sur la glace.

A l'île Séménoff, un renne et quelques oiseaux furent tués à la chasse, et ce fut précieux pour tous, car les vivres avaient diminué et déjà l'on ne recevait plus chaque jour sa ration entière. Les naufragés savaient du reste que c'était là leur dernière étape ;

leur retraite durait depuis trois mois, au milieu de périls et de fatigues sans nom, et pas un seul d'entre eux ne manquait encore à l'appel; quatre-vingts milles seulement les séparaient de la terre ferme; la mer était libre, et quand, le 21 septembre, on se mit en route pour l'embouchure de la Léna, chacun comptait bien atteindre enfin sans plus grands dangers, cette nouvelle terre promise.

On partit donc plein d'espoir, les trois embarcations en ligne de file faisant route au sud-ouest. Dans la journée, le vent, un peu frais, se leva du nord-est, puis, vers le soir, souffla avec violence ; la mer venant de l'arrière, était énorme. Le canot n° 2, mauvais voilier, ne pouvait plus tenir; une dernière fois, à la nuit tombante, on l'aperçut bien loin derrière, amenant ses voiles. Bientôt la baleinière elle-même, malgré tous ses efforts, perdit de vue le canot du capitaine.

III

Voici donc pour la première fois les trois embarcations séparées. C'est la baleinière seule que nous allons suivre.

La nuit s'est faite; la tempête du nord-est souffle dans toute sa force, la mer est déchaînée; la frêle embarcation aux trois quarts remplie d'eau et que chaque lame menace d'engloutir, ne doit absolument son salut qu'au courage et au sang-froid du lieutenant Danenhover, lequel quoique à moitié aveugle déploie dans ces circonstances les qualités les plus admirables de l'homme et du marin. Une ancre flottante peut être faite et mouillée, et la nuit se passe, tenant debout au vent et à la mer.

Enfin le jour arrive, l'horizon est attentivement surveillé; mais rien n'est en vue, ni canots, ni terre, et la baleinière se trouve seule, abandonnée à ses propres moyens.

A la rareté des vivres s'ajoutent la soif et la fatigue; mais le courage grandit avec les difficultés. Le soir, le vent faiblit pourtant un peu et tourne au sud-est, la mer est maniable et toute la nuit on fait route au sud-ouest.

Le lendemain matin, vers six heures, la baleinière s'échoue brusquement par deux pieds d'eau; il n'y a cependant aucune terre en vue, où se trouve-t-on exactement? Quels ont été le courant et la dérive? Nul ne peut le dire, toutefois, pensant se trouver dans le nord-ouest du cap Barking, on fait route pour le doubler, d'abord à l'est, puis au sud-ouest.

Le 17 septembre les naufragés ont enfin connaissance de la terre, et ils s'engagent dans l'une des petites rivières marécageuses du delta de la Léna. Le soir ils aperçoivent sur la berge une halte de chasse construite par les Tongouses; elle est vide et abandonnée, mais ils sont heureux de trouver cet abri où ils réussissent à allumer du feu.

Ils sont tous exténués de fatigue et de privations car ce terrible voyage en baleinière a duré cent-huit heures; leurs vêtements déchirés et mouillés ne les réchauffent plus, et sur les jambes gonflées et tuméfiées par ce long séjour dans l'eau glacée, les chairs se fendent et la peau se détache en lanières.

La nuit se passe au milieu de cruelles souffrances et le lendemain, ils prennent leur route et remontent la rivière, car c'est ainsi seulement qu'ils pourront trouver des secours. Le 19 septembre en effet, ils aperçoivent au détour d'une pointe trois indigènes tongouses montés dans des pirogues; tous se précipitent, mais les Tongouses effrayés se sauvent à leur vue et ce n'est qu'après maints signes d'amitié qu'ils osent enfin s'approcher; on leur donne du thé, du pemmican et ils offrent en échange une oie sauvage et un poisson. Nos pauvres affamés se jettent, pour ainsi dire, sur ces vivres frais, et tout en mangeant ils se réjouissent, car ils se sentent sauvés maintenant. Ces trois Tongouses à demi sauvages ne sont-ils pas à leurs yeux le salut et la vie ?

Leur première pensée est pourtant de secourir leurs infortunés camarades dont la tempête les a séparés.

Pour cela, et vu leur extrême délabrement, le moyen le plus efficace est certainement d'atteindre le village de Bouloum où l'on trouvera à organiser des secours. Mais c'est en vain qu'ils essayent de se faire comprendre des Tongouses et, ceux-ci refusant de les suivre, le lendemain ils partent seuls pour remonter la rivière.

Dans les mille canaux de ce delta, dont les terres et les eaux sont basses et marécageuses, ils s'égarent, ils s'échouent, le mauvais temps arrive, le froid les transit, leurs membres se gèlent, et après deux jours d'efforts surhumains, obligés d'abandonner la lutte, ils reviennent sur leurs pas et sont assez heureux pour retrouver leurs premiers sauveurs.

Conduits par les Tongouses au village des Geemovialocke, près du cap Bykoffsky, où demeure le chef indigène du district, nos malheureux naufragés y arrivent épuisés, à bout de forces, le scorbut faisant des ravages, et plusieurs d'entre eux presque mourants, avec des membres gelés. Malgré tout leur courage et leur ardente volonté, ils ne peuvent rien par eux-mêmes, et ils ne parviennent pas à faire comprendre aux Tongouses que deux embarcations sont égarées dans le nord avec vingt-deux hommes qui attendent des secours.

A peine ont-ils pris quelques jours de repos qu'ils veulent partir, mais les indigènes, de qui ils dépendent pour les vivres, refusent de les accompagner, car la saison est mauvaise ; c'est le moment de transition où la jeune glace se forme dans les rivières, et le voyage, désormais impossible en pirogue, n'est pas encore possible en traîneau !

Cependant arrive au village un exilé russe, Jérémiah Kusmah, de qui l'on se fait comprendre, et pendant qu'il part pour Bouloum, où il va réclamer du secours, le lieutenant Danenhover obtient de quelques indigènes de partir avec lui pour le cap Barkin, où il espère trouver trois des embarcations disparues ; mais la saison est des plus mauvaises, bientôt les indigènes refusent de le suivre, et après trois jours d'énormes fatigues, il est obligé de revenir sur ses pas.

C'était alors le 27 octobre, et on attendait avec impatience l'arrivée des secours demandés à Bouloum. Quarante-cinq jours s'étaient donc écoulés depuis la séparation des embarcations par la tempête, et nos onze naufragés ne savaient rien encore du sort de leurs infortunés camarades. Le jour était proche cependant où ce lugubre mystère devait être éclairci.

Mais revenons en arrière et suivons le groupe commandé par de Long.

Le canot n° 1, lui aussi, avait résisté, grâce à une ancre flottante, à la tempête du 12 septembre, quoique ayant eu pendant la nuit ses voiles arrachées et ses mâts brisés; continuant sa route au sud-ouest, cinq jours après, c'est-à-dire le samedi 19, il s'échouait à deux milles de terre au milieu des vases de la pointe ouest du delta de la Léna, près du point marqué sur les cartes « Sagasta. » Les jambes dans l'eau glacée, on gagna le rivage.

Après un indispensable repos de deux jours, de Long et ses 13 hommes se mirent en route vers le sud en vue d'atteindre le village de Bouloum; mais brisés de fatigues, ils laissaient dans la vase leur canot qu'ils avaient déchargé complètement et n'emportaient avec eux que le peu de vivres qui leur restait encore. Tous les objets lourds furent déposés dans un *cairn* (tas de terre ou de pierre) indiqué par une perche, ainsi que les journaux, papiers de bord, et aussi une note résumant le voyage de la *Jeannette* et indiquant la route qu'allait suivre une partie de son équipage. Le 28 septembre, ils arrivaient sur les bords d'un des bras du delta; mais n'ayant plus de canot, ils durent attendre trois jours que la glace fût assez solide pour leur permettre de traverser la rivière. Deux cairns furent établis pendant cette marche contenant des notes du capitaine.

Les vivres commençaient alors à manquer; tous les hommes étaient faibles et avaient le scorbut. Il fallut cependant confectionner un traîneau pour y mettre un des matelots, Erickson, qui avait les pieds gelés. Le 6 octobre, ce malheureux dut subir l'amputation des doigts de pied dont la chair était devenue noire, et il mourut peu après; on l'enterra dans les glaces de la rivière.

De Long, chargé de la vie de tous ces hommes, n'avait pu jusqu'alors consentir à se séparer d'un seul d'entre eux; cependant les misères et les souffrances devenaient trop grandes; ses compagnons de route se traînaient à peine, et, depuis deux jours, les vivres manquant, le 9 octobre, il fit partir en avant deux de ses hommes les plus valides, Noros et Nindermann, pour chercher des secours. La séparation fut touchante et, après le service divin, lu par le capitaine, toutes les mains se serrèrent avec émotion comme si chacun pressentait que c'était là un dernier adieu.

Ces deux hommes firent preuve d'un admirable courage; perdus dans les neiges et dans les terres glacées, brisés de fatigue, mourant de faim, mangeant pour se nourrir le cuir de leurs mocassins et leurs pantalons de peau de phoque, ils continuent cependant leur course vers le sud. De longs jours s'écoulent ainsi, puis ils trouvent une halte de chasse dans laquelle ils s'abritent; c'en est fait, ils ne peuvent plus avancer, et ils s'arrêtent, se sentant mourir.

C'est là cependant que le 23 octobre ils sont enfin trouvés par les Tongouses qui les secourent, leur apportent des vivres et les emmènent avec eux jusqu'au village de Bulcour. Là, malgré leurs signes et les gestes, il leur est impossible de faire comprendre aux indigènes que, plus loin dans le nord, sont encore onze de leurs compagnons qui ont besoin de secours; ils continuent donc leur route, et au village de Bulak-Surka, ils rencontrent l'exilé russe Jérémiah qui, revenant de Bouloum, retournait à Geemovialoke annoncer à Melville l'arrivée prochaine des secours promis. Ils donnèrent à cet homme une lettre relatant leur situation et, le 29 octobre, au reçu de cette importante nouvelle, Melville se mit de suite en route pour les rejoindre et obtenir d'eux-mêmes des renseignements précis sur le sort de de Long.

Le 30 octobre, le sous-officier cosaque Baïshoff, commandant du poste de Bouloum, arrivait lui-même à Geemowalecke, et après avoir pourvu aux besoins les plus pressants du lieutenant Danenhover et de ses hommes, il leur procurait des traîneaux et les emmenait avec lui à Bulak-Surka où, le 2 novembre, ils trouvèrent Melville.

Là, ce dernier décida qu'il partirait dès le lendemain à la recherche de de Long ; Noros et Nindermann se proposèrent pour l'accompagner, mais il refusa, jugeant la santé de tous ces hommes encore trop faible pour en emmener un seul avec lui.

Quant à Danenhover, sur l'ordre de Melville, il gagna avec ses onze compagnons de route le village de Bouloum, et, après un voyage de 500 lieues à travers la Sibérie, arriva le 17 décembre à Yakoutsk.

Déjà le gouverneur de cette ville, prévenu sur estafette, avait transmis à Irkoutsk la nouvelle du désastre, et de cette capitale où existe enfin le télégraphe étaient parties les dépêches qui, reçues à Paris le 20 décembre 1881, nous avaient appris le sort terrible de la *Jeannette* et de son équipage.

Mais suivons Melville qui, avons-nous dit, partit de Bulak-Surka le 3 novembre à la recherche de de Long emmenant avec lui deux indigènes et deux traîneaux que lui avait procurés le commandant du poste de Bouloum. Il visita d'abord les environs de Bulcour, près du point où Noros et Nindermann avaient été rencontrés par les Tongouses. N'y trouvant rien, ne reconnaissant pas la route que ces hommes avaient prise et les vivres lui manquant, il dut, pour s'en procurer, atteindre tout d'abord le village de Uper-Bouloum, d'où, pensait-il, il pourrait, en retournant au sud, retrouver les traces de de Long. Dès son arrivée dans ce village, les indigènes lui apportèrent un document provenant de de Long, qu'ils avaient trouvé dans un cairn; l'emplacement exact des deux autres dépôts y était indiqué et Melville rentra en possession de tous les instruments, journaux et papiers de bord laissés en arrière par le capitaine, et aussi de notes écrites par lui lors de sa marche à travers le delta. Il put en outre suivre sa route, et plusieurs fois en effet reconnut ses traces et visita des haltes de chasse abandonnées où il s'était abrité; grâce aux renseignements que lui donnèrent ses guides, il put même constater qu'à diverses reprises de Long et ses hommes étaient passés tout près de haltes et de villages Tongouses où ils eussent tout de suite trouvé des secours et des vivres, mais dont ces infortunés avaient ignoré l'existence.

Melville arriva jusqu'à Sistéranck : il espérait rencontrer bientôt, encore vivants peut-être, tous ceux qu'il cherchait. Mais son voyage, jusque-là très pénible, devint alors impossible ; les parages où il se trouvait étaient impraticables ; les traces qu'il put suivre d'abord étaient perdues, et pendant quatre heures par jour seulement on y voyait assez clair pour continuer les recherches ; la glace encore jeune supportait à peine des poids lourds ; les traîneaux se renversaient et se brisaient ; les Tongouses, leurs chiens eux-mêmes refusaient d'avancer, et, Melville, malade, brisé de fatigue, fut obligé d'abandonner son voyage et revint à Bouloum le 1er décembre. Il donna au Cosaque Baïshoff des instructions très détaillées pour continuer les recherches, puis il partit pour Yakoutsk, où il arriva le 30 décembre, venant chercher des renforts suffisants pour reprendre et terminer enfin l'exploration du delta.

Ainsi donc, le 1er janvier 1882, treize survivants de la *Jeannette* se trouvaient réunis à Yakoutsk, où tous avaient reçu et reçurent dans la suite les soins les plus désintéressés, tant de la part des autorités que de la population russe. Presque tous, quoique malades et très faibles encore, se remettaient peu à peu de leurs affreuses souffrances ; mais le lieutenant Danenhover, l'œil gauche complètement perdu, était menacé de perdre aussi l'œil droit, et le maître d'équipage Cole, dont la raison n'avait pu supporter d'aussi rudes assauts, était devenu fou, fou furieux même, et il fallait constamment le surveiller.

Cependant vingt personnes de la *Jeannette* manquaient encore ! De l'avis de tous, le canot n° 2, sous les ordres du lieutenant Chipp, avait dû chavirer pendant la violente tempête du 12 septembre, et il se pouvait, dans ce cas, que les objets flottables et le canot lui-même, dérivant sous l'action du vent du nord-est, fussent trouvés vers l'embouchure de l'Albanek. Si pourtant cette supposition était fausse, depuis longtemps déjà les huit hommes montant ce canot devaient avoir succombé à la faim ; car, lors du départ de l'île Seménoff, ils possédaient encore moins de vivres que les deux autres groupes.

Quant au capitaine de Long et aux hommes sous ses ordres, ils devaient, d'après les renseignements connus, se trouver entre Sistéranek et Bulcour, et c'eût été miracle qu'ils vécussent encore, car depuis deux jours déjà les vivres manquaient lors du départ de Noros et Nindermann. Mais, tant est rivé au cœur de l'homme l'espoir qui s'attache à la délivrance des êtres aimés, que l'on veut croire au miracle si un miracle seul peut les sauver !

Aussi, et malgré les recherches infructueuses déjà faites, se disposait-on à les chercher encore.

D'ailleurs, aussitôt la nouvelle du désastre, on avait en Europe et en Amérique, donné des ordres pressants pour l'organisation de secours : d'une part l'Amirauté américaine prescrivait à Melville de continuer les recherches et se disposait à envoyer les lieutenants Gerber et Schuthz parcourir les différents bras de la Léna à la recherche du canot disparu.

D'autre part, M. Gordon, alors à Paris, mettait par le télégraphe 25,000 francs à la disposition des expéditions de secours; de plus, un de ses plus habiles correspondants, M. Jackson, directeur du bureau du *New-York-Hérald* à Londres, se mettait en route le 7 janvier se rendant à Irkoutsk, puis dans le détroit de la Léna.

Enfin, et d'après les ordres même du czar, des instructions étaient envoyées aux gouverneurs et préfets sibériens, pour qu'on ne ménageât rien, ni peine, ni argent.

C'est dans ces conditions que Melville organisa à Yakoutsk un plan complet de recherches établi de telle façon que le delta dut être parcouru dans tous les sens, et les côtes environnantes visitées depuis le cap Bahaya à l'est jusqu'à l'embouchure de l'Abaneck à l'ouest.

Pour ces explorations, trois groupes furent formés sous le commandement de Melville et des matelots Nindermann et Bartlett, à chacun desquels était adjoint un interprète connaissant le pays; chaque groupe avait à lui ses traîneaux et ses conducteurs indigènes; et enfin, par l'ordre du général Tchernaïeff, un grand dépôt de vivres et d'approvisionnements de tous genres était créé à Bouloum.

On connaît la fin de cette terrible épopée. Le 27 janvier 1882, Melville quitta Yakoutsk et se mit en route pour aller à la recherche de Long et de ses compagnons. On connaît la lamentable histoire de ces onze malheureux qui périrent jusqu'au dernier de faim et de froid.

Melville les fit ensevelir et construisit une pyramide au-dessus de leur tombeau.

Il restait encore à chercher le canot n° 2 et le groupe du lieutenant Chipp. Le 10 avril, Melville se dirigea sur l'embouchure de l'Albaneck, et de là atteignit Cath-Tartha, après avoir exploré la côte ouest et tous les cours d'eau de cette partie du Delta. En même temps Nindermann et Bartlett s'étaient rendus au cap Barkin et le premier, visitant sérieusement toute la côte du nord, était aussi revenu à Cath-Tartha, tandis que le second, descendant la côte est, atteignait Geemovialoke. Là, les trois groupes se réunirent et explorèrent toute la baie Borchaya en remontant jusqu'au cap de ce nom. Ainsi donc tout le delta fut parcouru, fouillé même, et nulle part on n'aperçut la moindre trace du canot disparu ; force fut d'admettre comme vraie la triste présomption que ce canot avait sombré pendant la tempête et que Chipp et ses hommes avaient péri au sein des flots.

Telle est dans son ensemble cette histoire effroyable.

Nous n'ajouterons rien à ce dramatique récit que tout commentaire ne pourrait qu'affaiblir.

Qu'il nous soit seul seulement permis en terminant de nous associer au regret exprimé par M. le docteur Hamy, qui présidait la société de géographie le jour où M. le lieutenant Bellot a fait cette belle conférence.

Pourquoi le nom de la France ne figure-t-il jamais dans ces glorieuses et périlleuses aventures ?

L'ÉPOPÉE DU « POLARIS »

A TRAVERS LES GLACES

Nous avons essayé, dans les effroyables aventures dont furent victimes, le noble steamer la *Jeannette* et son courageux équipage, en décrivant les mœurs et coutumes des Innoïts ou Esquimaux du cap Bathurost dans les « Mystères des Pêcheurs de Baleines », de parler des difficultés sans nombre contre lesquelles se heurtent les vaillants explorateurs qui vont à la découverte des parties encore ignorées de notre globe, à travers les banquises et les ice-bergs des mers polaires. Nous allons, pour démontrer une fois de plus combien est grand le courage de ces malheureux qui risquent soit en recherches scientifiques, soit au secours à des expéditions malheureuses, si héroïquement leur vie, entreprendre le récit du lamentable drame dont les rôles furent joués par une partie de l'équipage américain, *le Polaris*.

Vers la fin de juin 1871, le capitaine Hall, déjà bien connu par ses voyages à la recherche de l'expédition du capitaine Francklin, quitta le port de Brooklyn et s'engagea le long de la côte occidentale du Groënland, dans cette succession de canaux qui se dirigent vers le pôle, au nord de la mer de Baffin.

En arrivant dans les régions polaires, le premier soin du capitaine Hall fut d'embarquer deux braves Esquimaux, Hans et Teyek, qu'il avait connus dans ses campagnes précédentes. Ceux-ci consentirent à le suivre avec tout un troupeau de chiens habitués à conduire les traîneaux sur la glace. Ils emmenaient en outre leurs femmes, leurs enfants et plusieurs de leurs camarades.

L'expédition dépassa de plus de cinquante lieues les plus hautes latitudes atteintes dans ce canal, par les précédents explorateurs; elle découvrit une baie à laquelle elle donna le nom de Polaris, et plus au nord le canal Robeson, dirigé en droite ligne vers le pôle et qui était obstrué par les glaces.

La nuit polaire obligea les navigateurs à revenir sur leurs pas pour hiverner à la baie Polaris; c'était le point le plus élevé où jusqu'alors un navire eut séjourné pendant la saison froide.

Le froid fut moins vif qu'on pouvait le craindre : au mois de mars seulement le thermomètre descendit à 58° au-dessous de zéro. Quand, après la longue nuit polaire, le dégel arriva, le capitaine Hall était malade des suites de fatigues qu'il avait éprouvées dans les tentatives d'exploration en traîneau.

Il mourut sur cette terre glaciale, après quelques

semaines d'agonie. On l'enterra sur les rives de la baie Polaris et, depuis cette époque, ce coin du globe s'appelle terre de Hall.

Outre la commission scientifique embarquée sur le *Polaris* et commandée par le docteur Bessels, Hall avait emmené comme auxiliaires le jeune officier de marine Tyson et le capitaine Duddington, qui prit le commandement du navire.

Le *Polaris* dut attendre, jusqu'au mois d'août 1872, la débâcle des glaces pour tenter son retour. Il fut ramené à cette époque, vers le sud, par un courant favorable ; mais les glaçons qui s'accumulaient autour de lui exerçaient sur sa coque des pressions considérables qui lui firent subir de graves avaries.

Le 15 octobre 1872, un énorme ice-berg vint le frapper et le mécanicien effaré accourut sur le port, déclarant qu'on allait couler bas.

On se hâta d'organiser le sauvetage et le navire fut amarré solidement à un énorme glaçon entraîné par la débâcle. Le lieutenant Tyson fut chargé d'opérer le transbordement, sur la glace, des provisions enfermées dans le navire. Ce déménagement forcé fut accompli par huit matelots et neuf Esquimaux parmi lesquels se trouvaient Hans et Téyek, deux femmes et cinq enfants.

Le vent qui soufflait en tempête et devenait de plus en plus violent, brisa les amarres qui retenaient le navire le long du banc de glace. Le *Polaris*, violemment détaché, fut emporté par l'orage et ne tarda pas à disparaître dans la brume, pendant que les malheureux sauveteurs voyaient leur frêle abri se briser sous leurs pieds. Le lieutenant Tyson, se montrant digne du commandement que le hasard venait de lui donner ainsi, se hâta de réunir tout son monde et de faire l'inventaire des objets débarqués.

On était là, sur un glaçon, dix-sept personnes et, pour toutes provisions, on possédait onze sacs de pain, quatorze boîtes de conserves de viandes, quatorze jambons, une boîte de pemmican, dix boîtes de pommes sèches et vingt livres de cassonade mélangée avec du chocolat.

Ces infortunés étaient si harassés de fatigue qu'ils s'endormirent sur la glace, sans se préoccuper du danger d'être gelés pendant la nuit. Le lendemain, ils tentèrent de regagner le rivage dans les embarcations brisées par le *Polaris*, mais la débâcle était si pressée et si violente, qu'ils durent renoncer à ce projet et se résigner à rester sur ce glaçon.

Tout à coup un cri de joie s'échappe de toutes les poitrines : à l'horizon, toutes voiles dehors, dans une mer qui paraissait libre de glaces, apparaissait le *Polaris*. Ils firent une sorte de mât au bout duquel ils accrochèrent toutes les étoffes aux couleurs voyantes qu'ils purent trouver. Ils firent retentir les airs de coups de fusils. Tout cela fut inutile, car le navire, ne les vit pas et continua sa route.

Le lieutenant Tyson s'efforça de rendre à ses compagnons le courage avec l'espérance.

Le premier plan qu'il adopta était bien simple.

— Nous avons, dit-il, des embarcations avec lesquelles nous pouvons tenter de rejoindre la terre. Là, nos Esquimaux chasseront et pêcheront. Nos vivres, ainsi renouvelés sans cesse, nous permettront d'attendre les événements.

Malheureusement l'indiscipline se mit chez les naufragés et le lieutenant Tyson dût se résigner à installer son campement et celui de ses hommes sur le glaçon que la débâcle continuait à entraîner vers le sud.

C'est là, sur ce champ de glace, que ces gens grossiers, indisciplinés, armés de pistolets et de fusils, tandis que leur chef était désarmé, furent appelés à vivre jusqu'à la catastrophe finale qui semblait devoir être inévitable.

Là, cependant, vivaient deux femmes et un enfant à la mamelle. Pendant l'hivernage du *Polaris*, la femme de Téyek avait mis au monde un enfant qu'on avait baptisé Charles Polaris, et qui, peu soucieux des dangers qui l'entouraient, se pendait ardemment aux seins de sa mère.

L'îlot de glace sur lequel se trouvaient les naufragés affectait à peu près une forme ronde, et dans le principe il n'avait pas moins de deux kilomètres de diamètre. Il s'en allait, entraîné par le courant et se heurtant sans cesse contre d'autres champs de glace, épaves de la débâcle.

La première difficulté que devait rencontrer M. Tyson, était d'obtenir de ses hommes l'économie des vivres qu'on possédait. Réduit aux seules ressources de son éloquence, il n'arrivait qu'à grand peine à les convaincre.

Un jour que quelques mutins se jetaient sur les provisions en réserve, il s'efforça de leur démontrer l'imprudence de leur conduite; mais ces hommes féroces lui répondirent :

— Quand nous n'aurons plus rien, nous mangerons les Esquimaux, et même le petit Charles Polaris.

Jamais pareille ingratitude n'avait été vue; c'était

en effet grâce seulement aux Esquimaux qu'on pouvait conserver quelques espérances. Habitués à vivre dans ces latitudes, il avaient construit pour les naufragés des maisons de glace inaccessibles aux froids extérieurs. Hans et Téyek étaient des chasseurs émérites. Leur adresse vint chaque jour apporter à la petite colonie des ressources nouvelles et de la viande fraîche. Malgré la nuit polaire qui avait surpris les naufragés, les deux chasseurs profitaient des lueurs répandues certains jours par les aurores boréales, d'autres fois par les étoiles, pour aller à la recherche des phoques, des renards et des ours blancs. On ne tua toutefois que deux de ces derniers et ce fut vraiment malheureux car la chair de ces animaux constituait un véritable régal.

Les jours s'écoulaient au milieu des tourments de la faim et des atteintes d'un froid cruel. Une remarque affreuse vint compliquer la situation. Le banc de glace sur lequel ils étaient continuait sa course vers le sud, mais à chaque minute, il rencontrait d'autres blocs entraînés comme lui par la débâcle et à leurs chocs ses bords s'effritaient. Le domaine des naufragés allait ainsi en diminuant chaque jour et déjà il était réduit de plus de moitié quand le soleil reparut.

Avec le jour, les provisions devinrent plus abondantes. Souvent les Esquimaux apportaient des phoques et des oiseaux aquatiques.

Un jour, Téyek se précipita dans la maison de glace habitée par le lieutenant Tyson :

— Capitaine, dit-il, accourez avec votre rifle ! Il y a un ours blanc dans mon kaïak.

M. Tyson ne se le fit pas dire deux fois, glissa une

balle dans son fusil et se traînant sur la glace, il arriva près de l'animal qu'il trouva en train de dépecer la peau fraîche d'un phoque récemment tué.

Le mettre en joue, s'assurer de la rectitude du tir, lâcher la détente, fut l'affaire d'un instant. Hélas, le coup ne partit pas, l'amorce de l'arme avait raté.

Cependant l'ours avait aperçu le chasseur, et ce dernier, le voyant s'approcher, comprit qu'il y a des cas qui nécessitent une prudente retraite : il pressa donc le pas et rentra dans sa hutte, laissant l'animal à la porte. L'arme remise en état, il se présenta une seconde fois devant le terrible tardigrade. Cette fois le coup partit, l'ours roula sur le sol, le cœur traversé par la balle meurtrière, et l'expédition eut de la viande fraîche pour quelques jours.

Le champ de glace qui servait d'asile aux naufragés continuait à se réduire de plus en plus et n'offrait plus qu'une surface de vingt-cinq mètres carrés. Il devenait nécessaire de se procurer un autre abri. Les barques étaient en si mauvais état qu'il fallait presque renoncer à s'en servir. A l'aide d'une d'elles, tant bien que mal réparée, et grâce à des va-et-vient sagement organisés, on réussit à aller d'un glaçon sur un autre. Le 20 mars, une lame monstrueuse vint s'abattre sur les naufragés pendant leur déménagement, et ce fut un vrai miracle s'ils n'en furent pas tous assommés ou au moins noyés.

On constata avec épouvante que dans la précipitation du départ, on avait oublié les choses les plus indispensables, les armes et les munitions. Seuls, les deux chasseurs esquimaux avaient sauvé à travers mille dangers leurs fusils, leur poudre et leurs balles.

Les seuls vivres sauvés consistaient en quelques biscuits et une boîte de pemmican ; qu'on y ajoute quelques kilogrammes de viande de phoque, conservée dans la glace, et la ration de dix personnes environ d'ours blanc, et on aura l'idée de l'horrible situation faite aux naufragés.

Les deux chasseurs se mirent aux aguets sur leur petite île flottante ; mais leurs premiers efforts furent vains ; toutes les provisions de bouche étant épuisées, on en était réduit, pour tromper la faim, à mâcher des peaux de phoque sèches.

Le soir du 24, Hans et Téyek s'étaient mis à l'affût sur le bord du glaçon qui leur servait de refuge. Le froid et la faim les avaient plongés dans une sorte de somnolence inconsciente, quand des craquements produits dans la glace et un bruit de pas pesants les tirèrent de leur demi-sommeil.

Un ours blanc qui cherchait aventure et, qui dans l'espérance de trouver une proie, sautait d'un glaçon sur l'autre, aperçut de loin, dans le demi-jour, les deux hommes accroupis sur la neige et crut voir en eux des phoques dont il espérait bien faire sa pâture.

Il s'approcha précipitamment et allait se jeter sur les deux chasseurs quand ceux-ci firent feu en même temps à quelques mètres de portée. L'ours étendit ses grands bras en croix, ses longues et terribles griffes s'ouvrirent et se replièrent sur elles-mêmes dans un dernier spasme d'agonie, puis il tomba à la renverse et resta immobile. La balle de Téyek lui avait traversé le cœur, tandis que celle de Hans, dirigée à la tête avait traversé l'œil et pénétré dans la cervelle.

Une telle proie était, au moins momentanément, le salut. Les chasseurs furent acclamés avec enthousiasme.

On songea à faire cuire l'animal mort, mais hélas ! non seulement on n'avait pas sauvé un seul ustensile de cuisine, mais encore, il ne restait aucun moyen de faire du feu. L'huile de phoque qui, jusque-là, avait suppléé à l'absence du bois et du charbon était complètement épuisée, et avait servi d'aliments à ces affamés. Ils se jetèrent sur la proie encore palpitante et la dépecèrent. Cette nourriture plus substantielle qu'appétissante, leur rendit quelque vigueur et par suite quelque confiance.

Le nouveau glaçon qui leur servait de refuge diminuait à son tour de surface à vue d'œil. Ils passèrent sans encombre sur un autre où la vie matérielle sembla devoir devenir moins difficile, car Téyek les avertit que les phoques qui, depuis longtemps, avaient complètement disparu, commençaient à se remontrer. Deux de ces animaux avaient déjà succombé sous les balles des deux adroits chasseurs esquimaux. Avoir des phoques, ce n'était pas seulement avoir de la viande fraîche, mais encore c'était avoir de la graisse et de l'huile qui permettaient de faire du feu et rendraient possible la cuisson de cette chair déjà si répugnante par elle-même.

La nuit polaire, nuit implacable, ininterrompue, avait fait place d'abord à des crépuscules quotidiens, puis à des jours de courte durée.

Le 29 avril, le lieutenant Tyson montra à ses compagnons un navire qui apparaissait, toutes voiles déployées à l'horizon.

On fit des signaux de toute sorte le jour et la nuit,

mais quand le 30 avril, le jour reparut, les malheureux naufragés fouillèrent vainement l'horizon ; le navire avait disparu.

Quand les matelots du *Polaris* virent qu'il fallait définitivement renoncer à cette suprême espérance, un sombre découragement s'empara de tous les cœurs. Ils s'étendirent pour la plupart sur la neige, résolus à attendre la mort sans lutter davantage. Ils auraient sûrement succombé ainsi jusqu'au dernier, car tout ressort était détendu, toute espérance éteinte, tout courage abandonné.

Tout à coup, Hans et Téyek, qui seuls tentaient de lutter encore et n'avaient pas renoncé à la partie, signalèrent à l'horizon la présence d'une autre voile.

Cette fois, l'abandon de soi-même était si complet, si universel, que personne ne voulut se lever et concourir à faire des signaux ; la plupart refusèrent même de s'assurer par leurs yeux de la présence du navire en vue.

Hans, alors, prit son kaïak sur ses épaules, le mit à flot, s'enchâssa dans l'ouverture qui vint le prendre à la ceinture, et former un obturateur garantissant le frêle esquif contre tout envahissement des eaux, puis se glissant à travers les glaçons et les banquises il s'efforça de se rapprocher du vaisseau libérateur.

Quelques coups de feu qu'il tira dans la direction du sud, furent enfin entendus. Le navire, qui était une baleinière à vapeur, la *Tigresse*, commandée par le capitaine américain Bartlett, se dirigea du côté des naufragés, il les fit monter à son bord. Là, des soins de toute nature leur furent prodigués. On se trouvait alors par 53° 35, nord et les naufragés n'étaient pas à plus de 40 milles de la terre, près de l'île du Loup (Wolf Island).

Leur épouvantable voyage sur les glaces avait duré *cent quatre-vingt-dix-sept jours*. Ils avaient passé de longues heures dans la nuit polaire, sur de fragiles glaçons, au milieu d'angoisses incessantes, d'espérances toujours déçues, d'efforts suprêmes et impuissants.

Le capitaine Bartlett emmena les dix-sept naufragés, tous bien portants et sains et saufs et les débarqua, sans qu'ils eussent perdu un seul d'entre eux, à Saint-Jean de Terre-Neuve.

C'est ainsi qu'on reçut les premières nouvelles du succès remarquable des voyages d'exploration du capitaine Hall, et que le monde entier apprit, avec une immense stupéfaction la terrible et merveilleuse épopée de ces dix-sept malheureux.

CHEZ LES PATAGONS

I

Qu'on se figure une plaine immense et se confondant avec le ciel et dans tout le cercle de l'horizon, plaine aride, désolée, uniforme, ne possédant qu'une rare verdure, sorte de pelage presque roux ; une poussière argileuse, du sable et, dans quelques plis de terrain, de maigres et chétifs arbustes ne dépassant pas 6 ou 8 pieds de hauteur: telle est la Pampa qui s'étend du 43e degré de latitude sud jusqu'au détroit de Magellan par 54 degrés et se trouve comprise, en longitude, entre le 66 degré et le 74e qui suit presque complètement la Cordillère des Andes.

Il y a une dizaine d'années, au commencement de 1885, une véritable caravane était campée au milieu de cette immensité, en face d'une chaumière semblable à toutes celles qui sont semées à d'énormes intervalles dans la Pampa argentine.

Mais avant de nous occuper de la maison, parlons des voyageurs qui avaient établi leur camp à ses côtés.

Ils étaient là quatre Européens et un chasseur, qui avait revêtu le costume complet et traditionnel de Bas-de-Cuir, immortalisé par Fenimore Cooper.

Malgré la chaleur qui était intense, un feu flambait sur le sol, composé de cette herbe haute et dure appelée *paja brava* ou *pampa*, qui a donné son nom à la région entière et qui constitue le plus terrible obstacle à l'industrie pastorale dans ces vastes déserts, parce que les animaux la foulent aux pieds avec colère, refusent de s'en nourrir et, faute d'autres pâturages, dépérissent et meurent le plus souvent.

Le plus âgé des Européens groupés autour du feu qu'un Indien venait d'allumer, était un homme de courte taille, outrageusement chauve, portant à la mode des officiers de marine la lèvre supérieure et le menton rasés, et n'ayant d'autre partie poilue que deux favoris taillés en patte de lièvre. Cet homme, âgé d'environ soixante ans, n'était autre que le docteur Poirier, qui s'est acquis une réputation sans pareille dans le monde des explorateurs et des savants.

Ses trois compagnons étaient plus jeunes; la bonne humeur et la santé resplendissaient sur leurs visages; nous les aurons bien vite présentés à nos lecteurs.

Celui de droite, un grand et fier gars de vingt-cinq à vingt-huit ans, droit et élégant comme un bambou, portait une fine moustache qu'il dédaignait de tordre en crocs, bien qu'à son allure franche et martiale il fût facile de reconnaître en lui un officier de l'armée française.

C'était en effet le comte Camille de la Boysse, qui avait donné sa démission de capitaine des chasseurs à cheval, lorsque l'année précédente, sa tante la chanoinesse était morte, le faisant son unique héritier de cinq cent mille francs de rente.

Près de lui se trouvait son ami le peintre Beaudoin qui s'est fait depuis une dizaine d'années une réputation méritée au Salon où il a gagné des médailles non seulement comme paysagiste, mais encore comme peintre de figure.

M. Beaudoin était un gros garçon de petite taille, portant une abondante chevelure blonde et frisée et laissant pousser sa barbe entière qui lui couvrait toute la poitrine.

Le quatrième voyageur frisait la cinquantaine ; c'était un homme correctement rasé, vêtu comme une gravure de mode, solennel et grave comme Joseph Prudhomme dont il semblait être la réincarnation.

M. Barbier, en effet, était un ancien fabricant de peignes et brosses qui avait fait dans cette intéressante industrie une belle fortune. Mais hélas ! les richesses n'avaient pu lui donner ce qui avait manqué à sa jeunesse : le fonds d'instruction qui assure à un homme une situation normale dans la société.

Le peintre Beaudoin, qui se souvenait de sa vie de rapin et de ces plaisanteries d'atelier qu'on désigne sous le nom générique de scies, avait pris pour but de ses plaisanteries le malheureux M. Barbier qui, du reste, endurait avec une candeur angélique les traits de son adversaire.

— Seriez-vous, par hasard, demandait un jour le peintre Beaudoin à l'infortuné négociant, un parent du fameux Barbier de Séville?

— Pas que je sache, répondit M. Barbier, car je suis de Pontoise et je ne connais nulle branche de ma famille qui ait émigré.

Nous aurons fini de présenter nos personnages à nos lecteurs quand nous leur aurons dit que notre chasseur se nomme Francisque, que c'est un coureur des bois que le docteur Poirier a emmené avec lui du Canada et qu'il a attaché à la mission dont il est le chef.

Enfin, pour ne pas abuser des préliminaires, nous dirons en quelques mots comment et pourquoi ces cinq personnages se trouvent au milieu de la plaine pampéenne, quelles circonstances les ont réunis et les ont emmenés là, et enfin quel est le but qu'ils poursuivent.

En 1884, c'est à dire l'année qui précédait celle où se passèrent les faits que nous allons raconter, M. le docteur Leroux, membre de la grande Société de géographie de France et de la Société de géographie commerciale de Paris, correspondant du Muséum d'histoire naturelle, reçut de monsieur le ministre de l'instruction publique une mission ayant pour but l'étude des races indigènes des deux Amériques, races connues sous le nom général autant qu'impropre d'Indiens, et spécialement celles de ces tribus presque encore totalement inconnues qui composent la nation des Patagons.

Au moment où il faisait ses préparatifs de départ, le docteur fit la rencontre, sur le boulevard Montmartre, du jeune comte Camille de la Boysse, avec la famille duquel il s'était lié de longue date.

M. Camille, c'est ainsi que le docteur l'appelait depuis qu'il avait aidé à le mettre au jour, lui fit part de la mort de sa tante et de la fortune inespérée qui lui tombait ainsi du ciel, et quand il sut que le savant allait partir pour un long voyage :

— Cher docteur, dit-il, permettez-moi de vous accompagner. Contrairement à ce qui arrive généralement aux héritiers, Paris n'a plus pour moi d'attraits : j'ai soif de nouveautés et d'aventures.

« Donc c'est convenu, je pars avec vous et je vais prendre mes précautions pour ne pas vous gêner en route et pour vous défrayer des embarras dont je pourrais être la cause.

Devisant ainsi, les deux amis entrèrent au café de Madrid, où ils rencontrèrent, attablés en face l'un de l'autre, le peintre Beaudoin et le solennel M. Barbier.

On se serra la main, car on était de vieux amis, et quand le comte Camille eut fait connaître la résolution qu'il venait de prendre, le peintre poussa un grand soupir.

— Que vous êtes heureux d'être riche! dit-il.

— Quoi, vraiment, vous désireriez venir avec moi.

— J'en meurs d'envie, mais hélas! je ne vends pas encore mes tableaux comme Meissonier.

— Hé bien, rien n'est plus simple! venez avec moi, je vous offre le voyage.

Après quelques objections inspirées par la délicatesse de l'artiste, le marché fut conclu à la condition qu'il payerait en peinture et en croquis sa part de dépenses.

— Alors vous allez me laisser seul à Paris? gémit M. Barbier. Moi qui m'ennuie déjà, je mourrai de chagrin quand je serai isolé.

» Voulez-vous m'emmener aussi? Je suis assez riche pour me payer cette partie sans que cela me gêne.

Le docteur tenta vainement de démontrer à l'ancien industriel qu'un voyage de la nature de celui qu'il allait entreprendre n'était rien moins qu'une partie de plaisir, que cela constituait une entreprise fatigante pleine de dangers.

M. Barbier répondit par un sourire ironique :

— Il me semble, docteur, qu'à ce compte je ne suis pas votre aîné et que je me porte assez bien pour passer où vous passerez. Quant au courage, la famille des Barbier de Pontoise a depuis longtemps fait ses preuves et ne craint aucune concurrence.

Grâce à l'avis favorable donné par le peintre Beaudoin, et à la promesse faite par lui de tirer de ce nouveau compagnon de route un peu de gaîté dans les moments difficiles, on finit par accepter M. Barbier qui se retira pour faire ses préparatifs de départ et de voyage.

Maintenant que nos lecteurs connaissent les principaux personnages qui figureront dans notre récit, qu'ils consentent à écouter la conversation engagée entre les quatre Français, et ils sauront tout ce qu'il est nécessaire qu'ils connaissent pour comprendre les événements qui vont suivre.

— Voilà déjà deux jours que nous campons là, dit le docteur, et je commence à craindre qu'il ne soit survenu quelque accident à nos messagers.

A ce moment sortait du *rancho* ou de la chaumière

couverte d'herbes sèches et construite en *adobe* (brique crue) un homme de taille élevée, au visage osseux et carré, bruni par l'air vif, les cheveux noirs et durs comme ceux des Indiens des deux Amériques.

— Qu'en pensez-vous, cher Fernand? demanda en espagnol le docteur, qui fit connaître au nouveau venu ses appréhensions.

— J'en pense que vous avez tort de vous alarmer, répondit le gaucho; mon ami Pouane, quoique simple Indien, est un homme prudent et habile. Il s'est engagé à se présenter chez Shay-Hueque, le grand cacique, fils du vieux Calfoucourah dont le souvenir vivra éternellement dans les nations patagones; il fera ce qu'il a promis et gagnera la récompense que vous lui avez offerte.

N'oubliez pas que la tribu des Mamouelches, chez laquelle se trouve le grand cacique, est bien loin d'ici, et qu'il n'y a encore aucun temps de perdu.

Le gaucho, ayant ainsi répondu au docteur, ne s'éloignait pas.

— Avez-vous donc encore quelque chose à me dire, Fernando?

— Oui, senor caballero, j'ai moi aussi des appréhensions, mais elles sont d'une autre nature que les vôtres.

— Parlez, parlez sans crainte, mon ami, dit avec bonté le vieux docteur.

— Voilà ce que c'est : la nuit dernière, pendant que vous dormiez paisiblement et en sûreté dans votre chariot bien clos, un puma est venu rôder autour de mon rancho et a étranglé un de mes chevaux qui paissait aux environs. Je crains que la vilaine bête, encouragée par l'impunité, ne revienne cette nuit et ne fasse à votre détriment ou au mien une nouvelle victime.

Le Canadien Francisque avait dressé l'oreille en entendant ces mots.

— Ah ! dit-il, en montrant ses trente-deux dents dans un large sourire, le nommé Puma se permet de venir chasser sur nos terres. Il a sans doute envie de faire connaissance avec Françoise.

Le gaucho regarda le chasseur d'un air ahuri. Bien que Francisque se fût exprimé en pur castillan, il était visible que le métis espagnol ne l'avait pas compris.

— Françoise, c'est ma carabine, dit le Canadien, et ceux qui la connaissent savent qu'elle laisse à ceux qu'elle attaque de cuisants souvenirs. Je me mettrai à l'affût ce soir et, si M. Puma nous fait l'honneur de paraître, il court grand risque de ne pas s'en retourner.

— Ma foi, répondit le gaucho Pedro, je n'ai pas donné de nom à ma boléadora, mais je vous tiendrai bien volontiers compagnie et nous verrons qui sera le plus agile d'elle et de votre Françoise.

A ce moment se présenta un noir de belle taille, nommé Opatou et qui remplissait dans l'expédition les fonctions de cuisinier.

— Ces messieurs sont servis dans le chariot, dit-il.

Les quatre voyageurs se dirigèrent sur les pas d'Opatou, et ne tardèrent pas à se trouver en face d'une énorme caisse roulante, assise sur des roues de vingt-cinq centimètres d'épaisseur, véritable arche de Noé.

Pendant qu'ils y entraient et se mettaient à table, Francisque pénétra dans le rancho de Pedro et les deux nouveaux amis tinrent conseil en dévorant un morceau de viande séchée au soleil qu'ils arrosèrent d'un verre d'eau claire. Depuis longtemps le Canadien n'avait fait un aussi sobre repas.

Le gaucho exposa au chasseur le projet qu'il avait conçu, afin d'assurer le retour de la bête fauve que les deux compagnons de chasse avaient résolu de tuer.

Dès qu'ils eurent avalé la dernière bouchée, ils allèrent planter à environ trente mètres de la chaumière un pieu solidement enfoncé dans la terre, et y attachèrent une jument accompagnée de son poulain, ne laissant à la pauvre malheureuse mère qu'assez de courroie pour lui permettre de faire le tour de son piquet.

La nuit tomba quand ces travaux préliminaires eurent été achevés, mais un clair de lune magnifique ne tarda pas à remplacer par sa lumière crépusculaire la clarté de l'astre du jour.

Le gaucho lassa un de ses chevaux qui paissaient dans la plaine, le sella, le brida et sauta sur sa croupe. Il fit ranger l'animal docile dans le cône d'ombre projeté dans le rancho, et resta immobile et muet, tenant en main sa terrible boléadora, Quant au Canadien, il s'assit tranquillement sur le sol à côté du cheval de Pedro et attendit patiemment, sa carabine entre les jambes.

Deux heures se passèrent sans qu'on vît rien apparaître, puis tout à coup la jument attachée commença à donner des signes visibles d'inquiétude. Elle plaça sa tête entre ses jambes de devant et se mit en devoir de repousser l'ennemi avec ses ruades de derrière. Le poulain, averti par son instinct, vint se réfugier sous le ventre de sa mère.

Le fauve ne tarda pas à apparaître, et déjà un combat terrible s'engageait entre lui et la vaillante mère, quand tout à coup une détonation et un sifflement se firent entendre simultanément.

Le gaucho enfonça ses éperons dans le ventre de son cheval, qui partit au galop, entraînant avec lui le corps du fauve enveloppé dans les terribles bolas.

Le Canadien, lui, ne broncha pas et se contenta de rire silencieusement comme le héros de Cooper.

Après qu'il eut décrit un grand cercle avec son cheval toujours traînant sa proie, il revint auprès du chasseur et fit amener l'animal mort sous ses yeux.

— Que dites-vous de ma boléadora, monsieur Francisque ? demanda-t-il d'un air goguenard.

— Et vous, que dites-vous de Françoise ?

Le gaucho était descendu de cheval et regardait avec attention le cadavre du fauve.

— Je dis, fit-il enfin, que Françoise a manqué son coup, car la peau de l'animal n'est pas trouée.

— Regardez donc entre les deux yeux, dit le Canadien sans changer de place.

Le gaucho, après avoir vérifié qu'un petit trou rond existait au milieu du front, s'avança gravement vers le chasseur et lui saisit la main.

— Vous êtes un crâne tireur, dit-il, et si les Argentins avaient des soldats comme vous, il y a beau temps que pas un Indien ne resterait dans la pampa, depuis le rio Negro jusqu'au détroit de Magellan.

II

Le lendemain matin, Pedro vint réveiller les voyageurs endormis dans leur lourd chariot.

Le docteur, qui était réveillé, levé, et déjà en train de classer ses collections, vint ouvrir.

— Vos messagers sont de retour, dit le gaucho, et ils ont réussi au delà de leurs espérances.

La physionomie du savant rayonna :

— Dites-leur d'accourir, je les attends avec impatience.

L'Indien Pouane, suivi des deux autres hommes de sa race, ne tarda pas à se présenter.

— J'ai gagné, dit-il, la récompense que vous m'avez promise, car je ramène non seulement le compagnon que j'avais emmené avec moi, mais encore Calfoucourah que voilà. C'est le fils aîné du grand cacique Shay-Hueque; son père, qui lui a donné le nom de son glorieux aïeul, vous l'envoie pour qu'il vous serve d'otage et qu'il vous tienne lieu de sauf-conduit dans toutes les tribus qui reconnaissent son autorité.

— Merci, mon brave Pouane, s'écria le docteur joyeux, non seulement tu toucheras la prime, mais je te donnerai le double de ce que je t'ai promis. Quant à Pedro, il n'aura pas non plus à se plaindre de ma générosité.

Le chef de l'expédition se hâta de donner des ordres pour presser le départ. Les chevaux épars dans la pampa furent rapidement menés au rancho; les uns furent attelés, au nombre de seize, au lourd véhicule qui servait à transporter les provisions et les richesses des voyageurs; les autres furent enfourchés par leurs cavaliers qui partaient en éclaireurs, le fusil en bandoulière.

La caravane, ainsi organisée, avait un grand air.

En tête marchaient les quatre Européens et le Canadien précédés de Pouane et de Calfoucourah qui leur servaient de guides.

Derrière eux, formant un second groupe, six Indiens, armés de fusils et de lances.

Enfin venait l'énorme voiture traînée péniblement par ses huit paires de chevaux attelés deux à deux et conduits par trois Indiens montés en postillons tandis que le nègre Apatou suivait, tantôt à pied, tantôt dans le coffre de la voiture où, tout en cheminant, il préparait les aliments du prochain repas.

Douze heures de marche auraient suffi à des cavaliers pour se rendre chez les Mamouelches, qui forment une des nations les plus puissantes de la race patagone.

Ce n'était pas sans raison que le docteur Poirier

se montrait joyeux du résultat qu'il venait d'atteindre.

Le grand cacique Shay-Hueque, fils du glorieux Calfoucourah, mort à cent dix ans, avait consenti à lui ouvrir ses États, et le premier de tous les Européens, il allait pouvoir étudier de près ces nations sauvages et belliqueuses, les seules qui aient utilement lutté jusqu'à ce jour contre l'invasion des blancs, les seules dont le territoire n'a jamais été foulé par des visages pâles, à moins qu'ils n'y eussent été amenés comme prisonniers et comme esclaves.

Un Américain du Sud, bien connu dans le monde savant des deux hémisphères, M. Moreno, en 1874, pénétra pour la première fois chez une tribu patagone momentanément en paix avec les races blanches.

Son but était la recherche d'objets anthropologiques, dont il a fait une admirable et unique collection après la découverte qu'il fit de plusieurs cimetières préhistoriques et de quelques *paraderos* ou campements d'anciens Indiens.

Depuis, le jeune savant a fait de nouvelles découvertes; mais il n'a pas pu obtenir de Shay-Hueque l'autorisation de pénétrer dans ses États, et il a dû borner son exploration à la vallée du rio Limay, que, d'ailleurs, aucun blanc n'avait parcourue avant lui.

M. Moreno a aujourd'hui un musée préhistorique incomparable, composé de plus de 300 crânes complets de races sud-américaines.

C'étaient des richesses analogues plus grandes encore que le docteur venait d'obtenir le droit d'acquérir !

Malgré la lenteur de la marche nécessitée par les difficultés de la route, semée par-ci par-là de marais salins recouverts de joncs et où, sans leurs guides, les voyageurs auraient risqué cent fois de s'engloutir; après les haltes nécessitées par le besoin de se réconforter par de bons repas et de dormir pendant la nuit, on arriva sur le territoire patagon le lendemain du départ, et l'on atteignit le campement de Shay-Hueque avant la nuit du même jour.

Le lourd chariot s'arrêta devant la case du cacique : c'est la plus grande habitation de toute cette région.

Shay-Hueque vint au devant de ses hôtes et les pria d'entrer dans sa demeure. Le docteur, qui connaissait parfaitement la langue de ces tribus, déclara qu'il ne pénétrerait chez son ami que les mains pleines.

Le comte de la Boysse, le peintre Beaudoin, le solennel M. Barbier entrèrent donc dans le chariot et en sortirent emportant les cadeaux destinés au cacique, à ses quatre femmes et à ses nombreux enfants.

Ces cadeaux consistaient en toute une pacotille d'objets divers, la plupart en argent ciselé.

On y voyait des étriers et des éperons d'argent dont l'aspect fit tressaillir de joie le jeune chef.

Le docteur, en effet, avait eu soin de composer cette collection d'objets de diverses grandeurs, de sorte que le cacique comprit qu'il y aurait de quoi équiper ses enfants qui, comme tous ceux de cette race, apprennent à monter à cheval en même temps qu'ils s'exercent à marcher.

A ces objets destinés à la portion masculine de la

famille du chef, se joignaient des pièces d'étoffes, du linge, des vêtements européens, uniformes ou livrées galonnés que les Patagons gardent précieusement pour servir dans les fêtes ou dans les assemblées.

Des anneaux d'argent pour les jambes et pour les bras, des colliers de perles de couleurs, des foulards de soie ou de cotonnade aux teintes violettes, complétaient le lot destiné aux femmes de Shay-Hueque.

Enfin, derrière les quatre Français, apparut le Canadien portant sur la tête une corbeille pleine d'objets formant une batterie de cuisine complète : chaudrons de cuivre, marmites de fer battu, casseroles de diverses formes et de diverses grandeurs, vases et bouilloires, assiettes et plats de métal.

Quand, ainsi chargés, les nouveaux venus se présentèrent à l'entrée de l'habitation, ils y trouvèrent, placées en rang, les quatre femmes du cacique qui venaient les recevoir suivant le cérémonial du pays. Elles tenaient à la main des calebasses pleines d'une eau limpide qu'elles offrirent à leurs visiteurs.

Ceux-ci burent sans se faire tirer l'oreille, mais quand ces mêmes femmes vinrent leur présenter dans d'autres récipients des poumons et des rognons crus de lama sauvage, baignant les uns dans du sang chaud, d'autres dans du sang caillé, ils firent un geste d'horreur qui dut d'autant plus scandaliser ces dames que les mets qu'elles offraient passent, dans le pays, pour être le dernier mot de la gastronomie.

Shay-Hueque qui assistait, derrière ses épouses et entouré d'une quinzaine d'enfants des deux sexes, à la réception de ses hôtes, parut lui-même blessé du refus des Européens.

Le docteur lui expliqua de son mieux que les blancs ont horreur de la chair crue et que la seule vue du sang suffit pour leur ravir l'appétit. Le chef, sans bien s'expliquer de semblables préjugés, se montra bon prince et ordonna à ses épouses d'allumer du feu et de faire rôtir un quartier de guanaco.

Les voyageurs purent seulement alors examiner en détail l'habitation de Shay-Hueque.

Elle mesurait environ 15 mètres de longueur; les murs et les toits étaient faits de peaux de chevaux tendues et fixées à des pieux, le sol était couvert de peaux de guanaques cousues ensemble en forme de grands tapis.

La maison était idéalement divisée en deux compartiments.

D'un côté étaient posés les lits des quatre femmes du cacique et de ses enfants.

Ces lits étaient un amoncellement de peaux de moutons et de lamas sauvages, recouvertes d'une peau de cheval dont le revers était orné de peintures originales et fort naïves; auprès de chacun de ces lits une branche d'arbre piquée en terre servait à suspendre les vêtements.

De l'autre côté de la séparation imaginaire, tous les hommes indistinctement pouvaient prendre place pour dormir.

Les femmes étaient chargées des soins de cet intérieur, fort propre et bien disposé, en tout point supérieur au rancho du gaucho Pedro, situé pourtant dans la plaine civilisée.

Ce qui frappa surtout les voyageurs, ce fut la supériorité de ces Indiens sur les métis espagnols;

supériorité démontrée sans les besoins d'une sorte de luxe et de confortable.

Dans la case du cacique on voyait divers objets dus à son industrie, des plats de bois, des armes de pierre.

Les épouses du chef ne restaient pas inactives, du feu avait été allumé au centre de la tente, au sommet de laquelle une ouverture, pratiquée à cet effet, laissait échapper la fumée.

Des quartiers de venaison, embrochés dans des baguettes de bois, ne tardèrent pas à tourner sur les piquets fourchus fixés en terre à cet usage.

Tout cela témoignait de la part des femmes une habileté culinaire à laquelle nos voyageurs étaient bien loin de s'attendre.

Pendant que le gibier rôtissait, les enfants du cacique avaient quitté la tente ; ils revinrent bientôt apportant une corbeille remplie de fraises odorantes.

Quelques-uns d'entre eux étaient chargés de pommes mûres à point, d'autres encore apportaient une provision de petits tubercules blancs que les indigènes appellent *saqueul* et qui, après la cuisson, forment un aliment farineux fort agréable au goût.

Les cuisinières s'empressèrent de recevoir ces provisions et de montrer leur talent en les préparant de façons diverses : pendant que les unes faisaient cuire les racines de saqueul, une autre en écrasait une certaine quantité toute crue pour la mettre dans du lait.

Enfin le repas fut prêt et les voyageurs furent invités à s'asseoir sur le tapis de peau étendu sur le sol et à prendre place autour des mets servis dans la vaisselle apportée par le docteur.

Apatou vint placer des couverts auprès de ses maîtres, qui ne voyaient pas sans embarras la perspective de manger avec les doigts.

Quelques boîtes de conserves de France, parmi lesquelles figurait une monumentale terrine de foie gras du Périgord, furent apportées par le nègre et vinrent compléter le repas indigène.

Parmi les racines qui figurèrent à ce festin, le *ponien* sembla au docteur mériter une étude toute particulière.

Sa forme et sa grandeur étaient celles d'une grosse carotte ; son enveloppe était épaisse et dure, d'un brun prononcé, et cannelée dans le sens de la longueur. Le sommet était surmonté d'une fleur massive et de couleur foncée.

Les poniens non mûrs étaient blancs à l'intérieur, fermes et âcres au goût ; ceux, au contraire, qui étaient mûrs étaient juteux, agréables et doux. Ces derniers avaient acquis une forme singulière, et la partie supérieure de leur enveloppe avait éclaté, laissant échapper une délicieuse odeur de melon.

Les femmes du cacique offrirent à leurs hôtes de ces *poniens* frits dans de la graisse de cheval, et nos voyageurs ne furent pas peu surpris en constatant qu'ainsi apprêtées ces étranges racines ont absolument le goût de la pomme de terre.

Les voyageurs se retirèrent dans leur chariot quand le repas fut terminé, et dormirent jusqu'au matin, pendant que les Indiens et les gauchos de leur suite campaient autour d'un grand feu allumé.

Le lendemain, un spectacle aussi curieux qu'inattendu leur était réservé.

Le cacique Shay-Houeque vint leur annoncer qu'on allait enterrer un vieillard qui allait passer de vie à trépas, et les inviter à assister à la cérémonie.

Suivant le chef, les explorateurs pénétrèrent dans la tente du moribond, fort étonnés d'ailleurs d'être invités aux obsèques d'un homme encore vivant.

Le docteur Poirier voulut s'approcher du malade, mais le cacique lui fit signe impérieusement de s'abstenir de toute manifestation.

Les voyageurs furent alors témoins du plus horrible des spectacles.

Les diverses nations patagones ont un tel respect des morts que, dans le but de les ensevelir plus solennellement, ils sacrifient même le respect de la vie de leurs parents.

Ceux qui entouraient le moribond se préoccupaient, en effet, moins d'adoucir ses souffrances que de le bien ensevelir, et de peur que les membres ankylosés par l'âge ne se raidissent trop après la mort, avaient le soin de le revêtir vivant de son linceul.

Après avoir placé de force ses jambes le plus près possible de la poitrine, dans la situation où se trouve un fœtus dans le sein de sa mère, ils maintinrent l'agonisant sous une pression énergique capable de produire la rupture de ses os; puis ils l'enveloppèrent dans un cuir frais, qui fut cousu au moyen d'une lanière découpée dans le cuir même qui devait se resserrer en se desséchant.

Le vieillard, pendant cette horrible opération, termina son agonie au milieu des plus affreuses douleurs.

On amena alors le cheval du défunt et l'on attacha solidement sur son dos le sac contenant sa dépouille, puis on se mit en route.

Derrière le cadavre, marchaient ses femmes et ses proches, poussant des cris horribles et donnant les marques du plus grand désespoir ; au milieu d'eux, circulaient des moutons destinés à être immolés sur sa tombe. Aux deux côtés du cheval chargé de son funèbre fardeau caracolaient des cavaliers demi-nus et la lance en main.

C'est ainsi qu'on arriva non loin des tentes de la tribu, sur un terrain sablonneux où l'on creusa un trou, juste assez profond pour contenir ce sac de peau formant une sorte de boule.

On y déposa le cadavre de façon à ce que la tête fût presque à découvert à la surface.

On plaça ensuite dans sa fosse, autour de lui, ses armes, ses instruments et la nourriture qu'on suppose lui être nécessaire pendant le long voyage qu'il venait d'entreprendre.

Quand le corps fut enfoui, on abattit, sur l'emplacement même, d'abord le cheval qui l'avait apporté, puis les moutons qu'on avait amenés, le tout aussi dans le but de ne pas lui laisser endurer la faim pendant le voyage.

Quelques objets de peu de valeur, laissés par lui, furent ensuite brûlés sur la tombe.

Les femmes continuaient, pendant ce temps, à donner les marques de la plus profonde douleur, se frappant la tête du poing et s'arrachant les cheveux. Bientôt elles sortirent, formant escorte aux veuves du décédé qui, elles, étaient tenues de rentrer au domicile de leurs parents respectifs et, sous peine de mort, d'y rester plus d'un an sans contracter aucune liaison, ni aucune union nouvelle.

Les voyageurs revinrent, le cœur gros, de cette cérémonie barbare ; mais l'intérêt de la science, les soins les plus élémentaires de leur propre sécurité, leur recommandaient de s'abstenir de toute réflexion.

Le cacique leur sut bon gré de cette discrétion, et chaque jour leur donna des preuves nouvelles de sa bienveillance et de son affection.

LE TRÉSOR DES ANCÊTRES

I

Je suis né à New-York, et lorsque mon père mourut, j'étais encore presque un enfant. J'avais été élevé dans le luxe et je résolus de m'enrichir à tout prix.

C'est dans ce but que je partis à la suite d'émigrants, anciens amis de ma famille, qui eurent pitié de moi, et, moyennant mon concours pendant la longue route qu'ils avaient entreprise, consentirent à m'emmener dans l'ouest où ils allaient s'établir soit comme chasseurs, soit comme squatters, ou même comme chercheurs d'or.

De bonne heure on m'avait habitué aux exercices du corps et à la fatigue. Je tirais du rifle ou du revolver comme un héros de Fenimore Cooper : je résistai donc aux peines sans nombre et aux dangers incessants qui menaçaient, avant la création du grand chemin de fer transcontinental, les audacieux qui entreprenaient la traversée du continent.

Depuis que l'Amérique est sillonnée de voies ferrées, ces dangers sont moindres, mais néanmoins ils sont encore immenses pour ceux à qui la fortune ne permet pas d'utiliser ces routes nouvelles.

Quoi qu'il en soit, après mille péripéties, mille aventures qui suffiraient à un romancier pour écrire un livre du plus vif intérêt, la famille Robinson (c'est le nom de mes protecteurs) et moi nous arrivâmes en Californie.

On parlait encore beaucoup à New-York des fortunes colossales que certains mineurs s'étaient acquises dans cette terre classique des *placers claim*.

C'était dans ces gisements aurifères que j'avais résolu de tenter la fortune.

Je passai là les deux plus terribles années de ma vie : depuis longtemps la contrée était épuisée; le sol avait été tourné et retourné dans tous les sens; nous n'étions, mes compagnons et moi, que les grappilleurs ou les glaneurs qui s'en vont après la vendange ou la moisson demander à la terre des ressources que vendangeurs ou moissonneurs lui ont déjà ravies.

Bref, je mangeais rarement, couchais à la belle étoile et travaillais avec un courage digne d'un meilleur sort; enfin, convaincu de l'inutilité de mes efforts, j'allais me décider à retourner à San-Francisco, demander à utiliser ma force qui continuait à croître, quand une nouvelle vint jeter la perturbation parmi mes compagnons de travail.

Des hommes passèrent, arrivant chargés d'or et

retournant tous riches dans la capitale de la Californie.

Ils nous apprirent qu'ils venaient du Sud-Est, où ils avaient trouvé des terres aurifères d'une richesse incalculable.

Comblés des dons de la fortune, ils nous donnèrent toutes les indications pour retrouver l'Eldorado qu'ils venaient de quitter.

Il s'agissait d'un pays montagneux formant la frontière entre les Etats-Unis et le Mexique.

C'est ainsi que, armés de nos rifles et de nos outils de mineurs, nous nous rendîmes dans l'Arizona.

Ces hommes ne nous avaient pas trompés ; malgré les attaques continuelles que nous avions à supporter des féroces Apaches, nous voyions chaque jour nos provisions de poudre d'or s'augmenter.

Néanmoins, qui sait combien de temps il m'aurait fallu pour acquérir le chiffre de fortune que je m'étais assigné? Je voulais être millionnaire ; or, ce n'est pas besogne facile ni courte pour un *digger* isolé qui se contente de laver du sable et des terres à la battée ou au pan. Le hasard me vint en aide.

Un jour, en parcourant les roches quartzeuses qui forment l'ossature de ces montagnes, je m'égarai si bien que la nuit me surprit, et que je dus me résigner à coucher à la belle étoile ou à chercher un abri dans quelque trou formé par les entassements des roches.

Je rencontrai heureusement une sorte de gueule de four creusée dans la montagne.

J'y pénétrai, mon revolver à la main, car je risquais de me rencontrer là tête à tête avec un ours, un léopard ou un tigre.

J'avais sur moi quelques allumettes et un papier que je tordis en forme de torche; je m'en servis pour examiner les lieux.

Tout un côté de la grotte naturelle où j'avais pénétré était rempli d'aiguilles de pin et de feuilles mortes que les ouragans si fréquents dans ces contrées y avaient amassées. J'en fis un tas et j'y mis le feu afin de me garantir pendant mon sommeil de toute visite désagréable; puis, après avoir jeté sur ce foyer assez de combustible pour être sûr qu'il resterait allumé jusqu'au jour, je me fis à moi-même un lit de feuilles mortes, et je m'étendis dessus en prenant pour oreiller une assez grosse pierre qui se trouvait là par hasard sur le sol.

Au bout d'une demi-heure et contrairement à mes habitudes, je ne sentais pas le sommeil venir à moi; dans ma tête, les idées les plus bizarres dansaient une sarabande. J'avais beau fermer les yeux, mon rêve continuait, et pourtant je restais éveillé.

Deux fois je me relevai, j'allai visiter mon foyer. J'en activai la flamme et jetai par-dessus quelques brassées de feuilles pour l'entretenir, puis je revins me coucher.

En examinant mon dur oreiller, j'eus la pensée qu'il était peut-être dans une mauvaise position, et que c'était la cause de mon insomnie.

Je me baissai pour le mieux disposer; mais je m'aperçus que ce que j'avais pris pour un bloc de pierre isolé était un rocher cloué au sol, car je ne parvins pas à le faire vaciller.

Je me résignai en conséquence à reprendre la position horizontale et à attendre patiemment que le sommeil voulût bien venir.

Je dormis à peine et, aux premières lueurs du jour, je me trouvai sur mes jambes.

Les premiers rayons lumineux pénétrant par l'entrée de la grotte étaient venus directement sur ma tête, comme si toute la nature s'était concertée pour m'empêcher de dormir.

Machinalement, je jetai les yeux sur le bloc de rocher qui m'avait si mal secondé comme oreiller : le jour l'enveloppait; je remarquai qu'il était noir et ne ressemblait en rien aux parois de la grotte qui étaient formées de quartz d'un blanc éclatant.

Je me baissai pour l'examiner de plus près, et je constatai avec stupeur qu'il reposait sur un lit de terre végétale et qu'il ne pouvait en rien faire partie du rocher inférieur.

Je fis pour le faire bouger un violent effort, et je constatai qu'il avait fait un léger mouvement. Réunissant toutes mes forces, je m'arc-boutai contre la paroi de la grotte, et je parvins à déplacer cette pierre singulière.

— Ça, c'est une pépite! m'écriai-je.

Je tirai de ma poche un fort couteau qui ne me quittait point.

Je fis avec la pointe de la lame une longue rayure que je regardai attentivement.

Le sillon ainsi tracé était brillant et du plus beau jaune.

J'avais eu pour oreiller un vrai morceau d'or, un morceau d'or natif, un morceau d'or pur!

Cette pierre, fût-elle seule, était une fortune pour

un moins ambitieux que moi. Pour moi, elle représentait un capital que je ne pouvais apprécier qu'incomplètement ainsi, *de visu*.

Pesait-elle 80, 100, 120 kilos ? — Valait-elle 250,000, 300,000, 350,000 francs ou même davantage ?

Jamais quelqu'un qui n'a pas passé par là ne pourra se rendre un compte même approximatif des idées qui naquirent en moi, pendant les premières minutes de ma découverte.

J'étais parti la veille avec l'intention bien formelle de rentrer le soir ; je n'avais donc emporté avec moi aucune provision, et je commençais à sentir les attaques de la faim.

Je pensai bien un instant à me servir de mon rifle, et à me mettre à la poursuite d'un daim, d'un chevreuil ou même d'une simple marmotte. Mais étais-je bien sûr de ne pas revenir bredouille ? Le gibier est rare sur ces sommets escarpés où ne poussent que de maigres sapins et des pins rachitiques.

Je réfléchis d'ailleurs que quelque désir que j'eusse de rester à la garde de mon trésor, ce n'était pas le moyen de m'en rendre maître.

J'étais sans doute le premier humain qui eût mis le pied dans cette grotte, et je pouvais être bien sûr que mes laborieux compagnons pensaient à toute autre chose qu'à marcher sur les traces d'un gamin comme moi, friand de liberté et de grand air.

Néanmoins, pour plus de sûreté, je recouvris ma pépite avec les cendres du foyer. J'allai chercher au dehors quelques quartiers de roche que je semai autour ; je voulais ainsi ôter à quiconque la pensée de choisir ce coin pour y établir son lit, et après m'être minutieusement orienté et avoir pris sur mon carnet le plan des environs de la grotte, je me dirigeai du côté de notre claim.

Mes compagnons, s'ils m'avaient vu plusieurs jours de suite abandonner mon travail, auraient pu concevoir quelques soupçons, me suivre, et découvrir mon trésor. Je me plaignis d'être malade, très malade, et d'être forcé à l'inaction, ce qui devait expliquer mes absences pendant les heures de travail.

Un de mes camarades, un digne homme qui m'avait toujours témoigné une amitié de frère, m'offrit généreusement ses services pour me soigner.

Les larmes me vinrent presque aux yeux lorsqu'il me fit ses ouvertures, et je me promis à moi-même de ne pas l'oublier dès que j'aurais pu réaliser mon trésor.

Le lendemain, je pris dans ma gibecière des provisions de bouche, des bougies, une petite lampe à huile portative, et je résolus d'aller explorer la caverne que j'appelais déjà égoïstement *ma grotte;* ensuite, affectant les allures d'un malade qui a besoin de repos et qui veut prendre l'air, je retournai, non sans faire de longs détours et sans m'assurer que je n'étais pas suivi, dans la partie de la montagne où j'avais fait ma précieuse découverte.

Je pénétrai dans ma grotte, et je constatai avec un grand soulagement de cœur que rien n'y avait été dérangé.

J'allai plonger la main dans la cendre placée par moi, et je rencontrai sous mes doigts l'admirable lingot d'or dont le pur hasard m'avait rendu le légitime propriétaire.

Quelques objections se présentaient à mes yeux. Comment me rendrais-je possesseur effectif de ce trésor? Comment l'emporterais-je?... Je me réservai de chercher plus tard la solution de ces problèmes. N'avais-je pas pour cela le feu, qui pourrait transformer ma pépite en lingots portatifs; ne pourrais-je pas aussi le scier ou le limer jusqu'à ce qu'il pût être enlevé sur ma brouette?

Ce qui absorbait mon esprit pour le moment, c'était la pensée de chercher des sœurs à ma pépite, et je me répétais non sans quelque logique, que ce morceau d'or n'avait aucune raison d'être là isolément, et que sans doute un examen attentif m'en ferai trouver d'autres.

J'avais, pour me livrer à cette investigation, la journée entière. J'examinai attentivement la partie antérieure de la grotte, celle que le jour éclairait, qui servait pour ainsi dire d'antichambre, et où j'avais établi si heureusement ma demeure la nuit précédente.

Dans toute la portion formant antichambre, je ne trouvai, sur un sol formé à la longue par les feuilles mortes qui s'y étaient décomposées, nulle autre trace de pépite grosse ou petite. Les seules pierres qui s'y trouvaient étaient, en dehors de mon lingot, celles que j'avais apportées la veille.

Je m'enfonçai résolument dans un des trois couloirs qui, s'ouvrant sur la grotte antérieure, s'enfonçaient dans les flancs de la montagne. Le plancher, les parois et le plafond de cet étroit corridor ne formaient qu'un seul bloc, se rétrécissant par ici, s'élargissant par là, tantôt s'élevant plus haut que la portée de ma lumière, tantôt s'infléchissant de façon à m'obliger à marcher en rampant.

J'allai devant moi, toujours inspectant le sol et n'y rencontrant pas un atome qui n'en fît pas partie intégrante. Je parcourus successivement, mais toujours en vain, les trois couloirs qui aboutissaient à la grotte.

Je me dis qu'après tout je devais me consoler, que peu de diggers pouvaient se vanter d'avoir fait une trouvaille pareille à la mienne, que si ce n'était pas complètement la fortune, c'en était au moins un bon commencement, que j'étais jeune après tout et que j'aurais tout le temps de compléter le million plus tard.

Tout mon esprit se concentra vers les moyens pratiques d'entrer en possession de mon lingot et d'en réaliser la valeur.

Pour arriver à mon but, je jugeai prudent de quitter mes compagnons, en leur disant afin de détourner leurs soupçons que j'allai prospecter les sables de la rivière qui se trouvait à une lieue environ de notre place.

C'est là que j'avais transporté mon modeste matériel de mineur, reconstruit ma petite case, et mes amis, avec l'égoïsme auquel sont condamnés les gens qui courent isolément après la fortune, n'avaient pas tardé à m'oublier.

Parmi mes instruments professionnels se trouvait une scie pour scier le quartz; comme jusqu'alors je n'avais jamais exploité que les sables, les boues et les terres aurifères, elle ne m'avait jamais servi. Je pensai que ce serait là un outil précieux pour partager en deux ou en quatre ma pépite.

Une objection se présenta à mon esprit.

Comment recueillerais-je les précieuses parcelles que chacune de mes coupes de scie détacherait de mon lingot?

Après avoir longuement réfléchi, je résolus de creuser dans le sol de la grotte un espace assez grand autour de ma pépite pour y établir mon atelier de sciage.

Je voulais enlever d'abord soigneusement la terre végétale, puis, une fois arrivé à la roche, laver à grande eau la partie de pierre formant aire. Rien ne serait alors plus aisé que de recueillir sur ce parquet la poudre d'or qui tomberait sous les dents de ma scie.

Je me mis à l'œuvre. Jamais l'homme possédant la plus riche imagination ne pourrait deviner ce qui arriva...

II

Je donnai un coup de pioche, mais mon outil rencontra une résistance qui le fit rebondir. Je commençais à n'y plus rien comprendre.

Je saisis ma pelle et je me mis à enlever la terre végétale.

A ma grande surprise, cette couche d'humus avait à peine un centimètre d'épaisseur.

Je continuai ma besogne tout autour du point attaqué et bientôt je m'assurai que je n'avais pas affaire à la roche proprement dite, mais à un bloc isolé que je continuai à déblayer dans tous les sens, avec l'intention bien arrêtée de le transporter ou de le rouler plus loin.

Ce quartier de roche avait une forme singulière.

Il se composait de dépressions et de boursouflures et me rappelait ces résidus noirs qui sortent des hauts fourneaux tourmentés et vitrifiés.

Lorsque j'eus achevé de le dégager en tous sens

de la terre qui l'enveloppait, je me baissai pour le soulever et le transporter hors de mon chantier.

Il résista à mon effort et resta immobile. Ce fut pour moi une révélation.

— Encore une pépite! m'écriai-je à moitié fou de joie et de saisissement.

Je pris ma pioche et j'appliquai sur le bloc un coup de pointe de toutes mes forces.

L'outil traça sur le lingot une large raie jaune et brillante.

C'était bien là, à ne s'y pas tromper, une seconde pépite plus volumineuse que la première.

Je réfléchis un instant et je me mis avec une ardeur que seul un chercheur d'or pourra comprendre à fouiller le sol tout à l'entour.

Dans cette grotte merveilleuse, j'oserais dire sans pareille, je trouvai avant le soir cinquante-trois pépites dont chacune aurait fait la fortune d'un digger.

D'où sortait cet or? Certes, il n'avait pu se produire là, et c'était certainement un trésor enfoui et caché. Celui qui l'avait mis là était-il vivant ou mort? N'était-il pas parti pour se procurer les moyens nécessaires au transport de cette fortune sans pareille? — Allait-il revenir d'un moment à l'autre, solidement escorté, et n'aurais-je fait cette découverte que pour la voir s'évanouir comme dans un songe? Ces idées s'entrechoquaient dans mon cerveau et je sentais qu'il me manquait le calme nécessaire pour les mettre en ordre. Je me mis à faire le plus pressé.

Au moyen de ma pelle, je recouvris avec soin tous ces blocs précieux avec la terre végétale que j'avais enlevée; je battis le sol de mon mieux, de façon à dissimuler les fouilles que je venais de faire, et j'allai chercher au dehors des pierres et de la terre pour achever de cacher ma première pépite qui n'émergeait au-dessus du sol que parce qu'elle reposait sur des autres pépites entièrement couvertes de terre.

Ce travail terminé, je me mis à réfléchir profondément.

— Si ce merveilleux trésor, me dis-je, appartenait à quelqu'un qui l'aurait placé là récemment pour le dérober aux regards et dans l'intention de revenir le chercher, le propriétaire aurait certainement pris de plus grandes précautions pour cacher sa fortune.

Si la terre végétale qui couvre cinquante-deux lingots d'or avait été apportée là intentionnellement pour les dissimuler à tous les yeux, pourquoi le cinquante-troisième serait-il émergé, visible à tous les regards?

Quiconque serait venu coucher à ma place, dans cette grotte perdue sur les hauts sommets, aurait pris ce bloc pour oreiller et aurait sans doute essayé de le remuer. Son poids formidable lui aurait appris sa nature.

Non! non! pas un homme sensé n'aurait ainsi exposé à l'indiscrétion du premier passant venu un pareil trésor!

Cette terre qui recouvre les blocs enfoncés et qui n'a pas enveloppé le bloc supérieur est l'humus qui s'est formé par la suite des âges.

Cet amas d'or a été apporté là par des hommes, il n'y a pas à en douter, mais il est là depuis des siècles.

Lorsque j'eus bien classé dans mon esprit ces

déductions aussi logiques que rassurantes, je pensai aux moyens pratiques de m'assurer la possession de cet or.

Je ne pouvais plus songer aux procédés élémentaires qui auraient pu suffire s'il s'était agi de la première pépite.

Scier en morceaux ces blocs massifs d'un métal mou, mais en même temps résistant, me parut une entreprise impossible à tenter. Elle exigerait des années de travail, pendant lesquelles mes compagnons me chercheraient, finiraient par me découvrir et n'hésiteraient pas à m'assassiner, si je refusais de partager avec eux.

Je compris qu'il fallait faire la part du feu.

J'étais dans l'impossibilité de devenir le seul possesseur du trésor et je vis qu'il était nécessaire d'associer à mes efforts ceux de plusieurs compagnons.

J'ai parlé d'un des hommes de notre chaîne qui m'avait toujours montré de la bienveillance et même de l'affection. Je résolus avant tout de me confier à celui-là et je me rendis à l'endroit où travaillaient les diggers.

Cet homme s'appelait Salomon; quand il me vit, il témoigna une grande joie, car, m'assura-t-il, mon départ l'avait fort inquiété.

— Ce que j'ai à vous dire, fis-je, est de la plus haute importance et nécessite la discrétion la plus absolue.

Il parut un peu surpris de la solennité de mes paroles.

— Venez donc dans ma case, me dit-il.

Je l'avais, en effet, trouvé dans un trou qu'il avait creusé et dont il lavait la terre.

— Ne pouvons-nous parler ici? lui demandai-je.

Il me fit signe que près de là d'autres hommes travaillant comme lui pourraient nous entendre.

Je me rendis donc dans sa demeure, l'aidant à transporter ses outils et son modeste bagage.

Là, après que nous eûmes soigneusement fermé la porte et que nous nous fûmes assurés au préalable que personne n'épiait aux environs, je lui fis part de ma découverte en ayant soin de parler à voix basse.

Quand j'eus fini de parler, il se leva.

— En quoi puis-je vous être utile? me demanda-t-il.

— Mais aller à San Franscisco chercher le matériel et les hommes nécessaires au transport de mon trésor.

— A quel prix estimez-vous ma collaboration?

— Mais, lui dis-je, j'ai pensé à vous traiter en associé et à faire part à deux.

— C'est trop et je n'accepte pas, répondit-il.

— Dites-moi donc ce que vous demandez?

— Vous avez trouvé, dites-vous, cinquante-trois pépites?

— Oui.

— La plus petite est trop lourde pour qu'un homme seul puisse la soulever?

— Oui.

— Eh bien! si vous consentez à me donner comme salaire le moins lourd de ces blocs, je me croirai généreusement payé, puisque j'aurai ainsi acquis, d'un seul coup, une fortune que vingt ans de travail fructueux ne sauraient m'assurer.

— Cher Salomon, lui dis-je en lui tendant la main, vous êtes un brave ami. C'est marché conclu!

Suivant mon conseil, il prit sur son épaule une pelle, une pioche et quelques outils, puis je l'emmenai dans la montagne.

Il paraissait soucieux pendant la route. Je lui en fis l'observation.

— Monsieur William, me dit-il, car je n'étais guère connu dans les mines que par mon petit nom, réfléchissez encore avant de me montrer votre trésor.

— Pourquoi réfléchir, Salomon?

— Parce que je ne voudrais pas un jour être accusé par vous d'avoir abusé de votre situation et de m'être fait payer trop cher un service en somme peu pénible.

Je fus touché de cette délicatesse et je le rassurai.

Il pénétra dans la grotte, et quand je lui eus montré la pépite que j'avais découverte en premier lieu, il resta stupéfait de la dimension d'un bloc d'or comme il n'en avait encore ni vu, ni rêvé.

— Mon ami, lui dis-je, il nous faudra des sommes importantes pour acheter à San-Francisco le matériel nécessaire au transport de ce trésor. J'ai bien là une quinzaine de mille francs de poudre d'or, que j'ai récoltée depuis notre arrivée dans l'Arizona.

— Je puis en mettre autant à votre disposition, me dit l'honnête Salomon.

— Cela ne saurait suffire.

— Comment donc faire? interrogea-t-il.

Je lui montrai ma scie.

— A nous deux, lui dis-je, nous aurons bien vite scié un coin de ce lingot, pour vingt, trente, quarante mille francs. Vous achèterez avec cela des chariots et des mules; vous engagerez des travailleurs auxquels vous vous garderez bien de faire connaître la nature du transport qu'ils auront à effectuer, vous les armerez de façon à ce qu'ils puissent résister à une attaque de pillards toujours prêts à attaquer les convois.

Nous nous mîmes à l'œuvre, mais le travail offrait plus de difficultés que nous n'en avions prévu et il ne s'accomplissait qu'avec une lenteur désespérante... Nous mîmes deux journées entières à détacher du bloc principal un bloc plus petit pesant environ dix kilos et dont j'estimai la valeur à une trentaine de mille francs.

Je donnai à Salomon de nouvelles instructions.

A son arrivée à San-Francisco, il devait trouver un marchand d'or français, que je connaissais et dont je lui donnai l'adresse. Là, il changerait sa poudre d'or et son lingot contre des espèces sonnantes.

Je réfléchis aux outils qui nous seraient nécessaires pour effectuer le chargement de nos lourdes pépites et je donnai à Salomon la liste de toute une série d'instruments mécaniques : leviers, crics, grues, etc., etc.

Toute ma poudre d'or jointe à la sienne, fut enfermée dans une large ceinture de cuir qui lui ceignait les flancs. Nous plaçâmes ensuite le lingot au fond d'un sac rempli de hardes déchirées et de quelques provisions de bouche.

Voyageant ainsi dans un misérable attirail,

Salomon n'éveillerait pas les convoitises des rôdeurs et passerait sans accident.

Il partit et je restai un long mois dans une attente fébrile.

Je ne quittais la grotte que pour aller poursuivre des daims ou même des marmottes sur les cimes désertes, et assurer ainsi ma nourriture quotidienne.

Un jour, enfin, que je regardais l'horizon, mélancoliquement assis sur une pointe de rocher, j'aperçus au loin un certain mouvement. Je compris que c'était le convoi que j'attendais avec tant d'impatience.

En effet, une heure après, malgré les difficultés de la route, quatre lourds chariots arrivaient se placer en face de l'entrée de la grotte.

Ces solides véhicules étaient traînés chacun par deux paires de robustes mules. Dix hommes montés à dos de mulets et armés de pied en cap, semblables à ces brigands calabrais qu'on voit représentés dans les images qui ornent les cabarets de l'ancien et du nouveau monde, servaient d'escorte à ce convoi.

Salomon, monté sur une superbe mule et en tenant une autre, non moins admirable, par la bride, arriva le dernier, formant l'arrière garde.

Il vint à moi, me serra cordialement la main; mais, voyant que je me disposais à l'interroger, il porta à ses lèvres l'index de la main droite, comme pour me recommander le silence.

Je le laissai donc agir sans mot dire.

Les hommes de l'escorte mirent pied à terre pendant que de chaque chariot un homme descendait, qui avait rempli les fonctions de conducteur.

Les mules dételées et entravées, de même que les mulets des hommes de l'escorte, furent lâchés et se mirent à paître l'herbe rare qui croissait çà et là dans les fissures des rochers.

Pendant que les uns allaient se procurer du bois mort et l'entassaient pour faire du feu, les autres disposaient les chariots de façon à former une sorte de camp retranché. Salomon surveillait ce travail, qui se faisait dans un ordre admirable.

C'est seulement lorsque le feu fut allumé et que les hommes, placés à l'entour, se mirent en devoir de préparer leur repas, qu'il grimpa, s'aidant des bouts de rocs disposés en échelons, et qu'il arriva à l'entrée de la grotte.

Alors il me rendit compte de sa mission.

III

Tout s'était passé le mieux du monde. M. Gervais, le marchand d'or français auquel j'avais adressé Salomon à San-Francisco, l'avait parfaitement accueilli, et non seulement il avait changé notre or contre de l'argent monnayé, mais encore la somme de 42,000 francs ainsi produite ayant été insuffisante pour les achats à faire, il y avait joint, à titre de prêt, une autre somme de 35,000 francs.

Salomon avait ainsi acheté quatre chariots massifs et solides, seize mules d'attelage, deux mules de selle, dix mulets pour les hommes de l'escorte, des outils, des vivres et des armes. Il avait de plus loué des conducteurs de chariots et des hommes chargés de défendre le convoi.

Cet homme, plus ingénieux que je ne le croyais, avait amené avec lui deux mécaniciens américains, grâce auxquels la besogne du chargement devait se faire vite et plus aisément.

J'eus à ce moment une idée lumineuse. Quand un chariot fut chargé de dix des plus gros lingots, je donnai l'ordre à Salomon de se mettre en route en avance et d'aller préparer nos logements à San-Francisco. Quatre hommes armés, le conducteur et lui suffisaient à faire respecter le véhicule dans lequel j'entassai nos outils de mineurs et dissimulai la présence des lingots, de façon à ne pas faire naître des appétits malsains parmi la population d'aventuriers à travers laquelle il s'agissait de passer.

Salomon fit quelques objections, mais je persistai dans ma résolution, me disant que le passage d'un seul chariot s'effectuerait plus aisément que celui d'un convoi encombrant.

Je restai donc seul pour diriger la suite des travaux. Grâce à l'établissement d'une grue mobile à l'entrée de la grotte, le chargement des quarante-trois pépites restantes se fit en quatre jours. Lorsque, le lendemain du travail terminé, je donnai le signal du départ, je calculai que Salomon, favorisé par les pentes du terrain, avait dû atteindre les contrées civilisées et n'avait plus rien à redouter si cette première partie du voyage s'était accomplie sans encombre.

J'avais eu raison d'adopter cette tactique.

Nous suivions une route naturelle tracée en zig-zag, ou, comme on dit, en lacets sur les flancs de la chaîne montagneuse; les mules, habituées à parcourir les rochers les plus abrupts des Montagnes Rocheuses, marchaient d'un pas lent mais ferme, et nous avancions complètement rassurés dans ces contrées absolument désertes.

Nous arrivâmes ainsi à l'entrée d'un défilé si étroit, que deux chariots n'auraient pu s'y engager de front. Monté sur ma mule, je formais l'arrière-garde et veillais à ce qu'aucun de mes hommes ne s'écartât de la caravane. Quand nous fûmes arrivés à moitié route du défilé, un grand cri se fit entendre, poussé par le conducteur du grand chariot.

— Tout le monde à terre! et couchez-vous!

Au même instant une grêle de flèches se mit à fondre sur nous sans que, d'abord, il nous fût possible de savoir d'où elles partaient.

Je n'eus, pour mon compte, que le temps de me laisser glisser de ma mule et de m'abriter sous un des véhicules.

Les conducteurs se hâtèrent de dételer leurs mules, qui, frappées par les flèches, se mirent au galop et s'enfuirent du côté de la sortie de la gorge.

Un cri formidable retentit alors, suivi d'un coup de sifflet si strident que mes oreilles en furent un instant comme paralysées. De tous côtés, en arrière, en avant, sur les côtés, dans les pentes abruptes des deux montagnes entre lesquelles nous passions, nous vîmes se lever des masses d'Indiens, portant leurs costumes de guerre. Je reconnus que c'étaient des Apaches.

Ils n'étaient pas des centaines, mais bien des milliers. Dans toute autre circonstance, j'aurais jugé la résistance inutile et j'aurais demandé à traiter. Mais la férocité de mes ennemis et le désir de laisser Salomon prendre sur nous une avance plus considérable, peut-être aussi l'envie de sauver mon trésor, me fit prendre une résolution désespérée.

Je me mis donc à organiser de mon mieux la défense.

Tous les conducteurs furent rapidement armés d'excellents fusils ; nous formâmes un carré protégé en avant et en arrière par nos fourgons, puis me tournant vers l'arrière du défilé occupé par les masses profondes des Peaux-Rouges, je donnai le signal et fis feu.

Mes hommes et moi étions armés de carabines américaines à six coups ; et, je l'ai dit, j'avais acquis une juste réputation de bon tireur. Je visai un chef qui se tenait prudemment en arrière et se croyait à l'abri de nos balles. Je l'atteignis entre les deux yeux : il tournoya sur lui-même et tomba comme une masse.

Mes compagnons, à qui j'avais recommandé de viser soigneusement et de ne tirer qu'à coup sûr, m'avaient parfaitement compris ; un tir à volonté commença, si formidable, que de quelque côté que nous tournions la tête, nous apercevions des ennemis qui mordaient la poussière.

Ce commencement de combat nous fut si favorable, qu'abrités comme nous l'étions contre les flèches indiennes, nous avions toute raison de compter sur la victoire.

Tout à coup, en levant les yeux, je tressaillis. Nos perfides adversaires, qui tombaient comme des épis mûrs sous la faux, venaient de changer de tactique.

Les deux pentes rapides qui formaient les parois de la gorge où nous étions emprisonnés étaient hérissées de buissons et de ronces qui, jusque-là, avaient servi d'abri aux sauvages qui s'étaient cachés derrière ces obstacles, ce qui rendait le tir de mes hommes très difficile.

Je vis une fumée noire sortir de tous ces bouquets de bois et un terrible crépitement se fit entendre de toute part. Ces démons avaient mis le feu aux broussailles et bientôt nous allions nous trouver dans une mer de flammes.

Immédiatement je fis placer près de moi les hommes formant la droite du carré et j'envoyai les autres en avant, à l'un des mécaniciens qui avait pris le commandement de l'avant-garde.

Tout bruit de combat avait cessé, mais la chaleur devint si intense qu'il n'y avait plus à songer à la résistance. Je pris dans un fourgon une provision de cartouches, quatre revolvers que je passai dans ma ceinture, et attachai un grand foulard blanc au bout du canon de ma carabine.

— Battez en retraite du côté opposé où je vais aller, commandai-je. Faites une trouée à tout prix à travers les Indiens. Rendez-vous à San-Francisco !

Je m'avançai alors hardiment et seul du côté du couloir en flammes par lequel nous étions entrés.

Plus de deux mille Apaches étaient là rangés en bataille.

Je savais le respect que les Indiens de toutes les tribus ont pour le drapeau parlementaire ; j'agitai mon drapeau. Un chef sortit des rangs et s'approcha de moi.

— Que veut mon frère le visage pâle ? demanda-t-il.

— Je demande à cesser un massacre inutile, dis-je. Mon frère veut-il me donner le pain ?

— Mon frère est un grand guerrier ; il a immolé

trop de braves de notre armée pour espérer qu'on lui fasse grâce.

— Mon frère est un chef. Il sait que celui qu'on attaque a le droit de se défendre. Or, je ne suis qu'un voyageur inoffensif et je n'ai fait qu'user de mon droit.

— Oabô ! s'écria l'Indien, mon frère a la langue fourchue. Il pense que nous sommes crédules comme des femmes.

— En quoi donc, demandai-je, ai-je pu vous porter préjudice ?

— Mon frère sait bien qu'il a chargé dans ses chariots le trésor de nos ancêtres.

— Certes ! J'ai trouvé un trésor dans une grotte inhabitée. Les lois de mon pays m'autorisent à me l'approprier...

— La loi des Apaches a déclaré ces blocs de métal jaune à jamais sacrés. Quiconque y porte la main doit être mis à mort. Que mon frère se résigne donc à me suivre. Il présentera sa défense au Loup-Cervier qui est le grand chef de notre race.

A ce moment le chef de l'armée ennemie, qu'on appelait l'Ours-Gris, songea à mes compagnons.

— Pourquoi, dit-il, tes guerriers ne t'ont-ils pas accompagné ?

— Chef, lui dis-je, mes compagnons ne demandent même pas la paix. Ils ont résolu de se retirer en bon ordre, et de résister jusqu'à la mort à toute attaque. Ils sont loin déjà sans doute, car je n'ai entendu aucun bruit de fusillade, ce qui se serait sûrement produit, si tes guerriers avaient tenté d'arrêter leur marche. Quant à moi, je suis venu volontairement, couvert du drapeau parlementaire.

Je verrai si les guerriers apaches ont quelque respect pour ce signe vénéré par toutes les nations indiennes.

Ce discours fit quelque effet sur l'Ours-Gris.

— Mon frère, dit-il, n'a rien à craindre pour sa vie, en ce moment du moins. Nous le conduirons vers le Loup-Cervier qui prononcera sur son sort.

— Que deviendront mes chariots pendant ce temps ?

— Tes chariots seront emmenés par nous et tu les accompagneras jusqu'à ce que nous soyons arrivés au village du grand chef...

Voilà comment je devins prisonnier des Apaches et comment la meilleure part d'un incalculable trésor m'échappa au moment même où je croyais le mieux le tenir.

Heureusement, le brave Salomon arriva sans encombre à San-Francisco avec le premier chariot. Les hommes de mon convoi réussirent à le rejoindre et il put les récompenser princièrement de leur courage et des dangers qu'ils avaient courus.

Peut-être, un jour, je raconterai comment j'ai réussi à échapper à mes terribles ennemis. C'est toute une histoire ; un véritable miracle me sauva la vie et me rendit la liberté.

Quand je pus enfin revenir à San-Francisco, j'y trouvai Salomon qui n'avait pas cessé de m'attendre, et qui avait si bien fait prospérer la part du trésor sauvée du naufrage, que je me trouvai à la tête d'une fortune de plus de dix millions.

LA VENGEANCE D'UN NOIR

I

On s'occupe beaucoup aujourd'hui, chez tous les peuples civilisés, de la traite des nègres et de l'abolition de l'esclavage. Un congrès permanent international a même été convoqué à Bruxelles par S. M. le roi des Belges, et l'on s'est efforcé d'y régler, avec ces grandes questions, tous les intérêts des nations diverses européennes dans le mystérieux continent africain.

L'étude des travaux accomplis par ce Congrès et les complications diplomatiques qui sont nées dans les derniers temps pour la possession de certaines portions de territoire sur les côtes et dans l'intérieur de ces contrées, le partage de l'Afrique entre les diverses nations européennes, m'ont remis en mémoire une dramatique histoire que m'a racontée

Paul Soleillet, le vaillant et regretté explorateur de cette patrie des races noires, et qui prouve que certains nègres sont susceptibles de sentiments généreux et de grandes pensées.

Le héros de ce récit véridique se nommait Touto-Mongo. Soleillet le connut pendant le voyage qu'il fit dans le pays des Galla et dans le royaume de Caffa, pays d'origine du café.

Touto-Mongo était né dans une contrée jusqu'à présent inexplorée, en face, mais fort loin de la grande île de Zanzibar. Son père était roi de cette contrée et gouvernait un peuple nombreux, fort et prospère.

« Pour se rendre dans ce pays, en partant de Zanzibar, disait Touto-Mongo, il faut se diriger d'abord vers le nord, puis se diriger vers l'ouest, traverser deux lacs aussi grands que des mers et d'où sort un immense fleuve qui coule vers le nord. Après un voyage demandant plusieurs mois de marche, à travers des tribus sauvages et guerrières, quelques-unes anthropophages, qui se livrent toutes au commerce des esclaves, on atteint une région montagneuse, qu'on appelle le Ouando. Les eaux qui s'en écoulent alimentent le grand lac Moutan. »

Au nord du Ouando vivent deux peuples puissants et belliqueux, les Monboutou et les Niam-Niam. C'est près de ces contrées que prospéraient les Syebo dont Touto, père de Touto-Mongo, était le roi. Ce pays, quoique traversé par de hautes montagnes, était fertile; les sujets du roi Touto cultivaient avec fruit, dans la plaine, le millet, le maïs, le manioc, les patates et les arachides qui croissaient en abondance et sans nécessiter un grand travail.

Sur les plateaux des montagnes élevées auraient pu croître nos plantes d'Europe, le blé, la vigne; mais jusqu'alors les Syebo s'étaient contentés des produits de la partie plate et chaude de leur pays.

Le roi Touto, descendant d'une famille vénérée par tous les noirs, qui lui attribuaient une origine divine, n'aimait pas la guerre; il était doux et avait toujours refusé de se livrer au commerce de la traite. Quelques Arabes, marchands d'esclaves, étaient parvenus jusque chez lui et lui avaient offert des étoffes précieuses, des parures, des fusils, de la poudre, du sel et de grands vases en métal brillant, en échange de quelques jeunes hommes et surtout de quelques jeunes filles qui étaient fort belles. Ni le roi, ni ses conseillers, ne voulurent consentir à ces échanges qui leur semblaient inhumains.

Un jour, arriva dans le pays des Syebo un nègre fugitif, grand, fort et beau, qui s'était échappé d'une bande que des traitants arabes emmenaient à la côte. Le roi, touché de son malheur, consentit à le recevoir parmi ses sujets. Ce fut cette bonne œuvre qui, par un arrêt mystérieux de la Providence, fut l'origine des effroyables calamités qui frappèrent depuis le peuple syebo.

Cet homme s'appelait Osaï. On l'avait emmené loin de son pays, car il était né, disait-il, à plus de cinq mois de marche du côté où le soleil se couche. Il appartenait à une grande et puissante nation, les Ashantis. Il montra tant de sagesse et des connaissances si supérieures à celles de Syebo que le roi le prit en vive amitié et en fit son conseiller intime.

Il apprit à ses nouveaux compatriotes une foule d'arts qui leur étaient inconnus, à extraire du minerai qui contient le fer et à le travailler à la forge. Grâce à lui, les outils de culture furent améliorés et, la prospérité croissant, chacun bénissait l'arrivée du bel étranger dans le pays.

Le jeune Touto-Mongo et Osaï devinrent une paire d'amis inséparables. Le fils du roi professait pour l'Ashanti une grande admiration, car, dès son enfance, il avait senti le désir d'apprendre et de s'instruire; souvent, tous deux s'en allaient à travers champs pour se livrer aux plaisirs de la chasse et à ceux de la pêche dans les cours d'eau nombreux et poissonneux de la contrée.

Un jour, ils partirent, munis de fusils et de poudre qu'ils se procuraient chez leurs voisins les Monboutou, en échange de grains, de fruits et de peaux d'animaux sauvages. Ils se dirigèrent dans la montagne, désireux d'aller combattre les éléphants qui venaient parfois jusque dans les villages détruire les cultures.

Ils suivaient une sorte de sentier très étroit et fort abrupt, tracé par la nature sur les flancs de hauts rochers, quand, tout à coup, Osaï poussa un cri de joie, et, se baissant, saisit sur le sol un morceau de métal jaune, brillant, qu'il examina attentivement. Il mit dans les mains de son compagnon cet objet gros comme le poing et qui étonna le jeune prince par son poids énorme relativement à son volume.

— Qu'est-ce que cela? demanda Touto-Mongo.

— C'est de l'or, le plus précieux et le plus beau des métaux. Le fer n'est auprès de lui qu'une chose vile et sans valeur.

— Quoi! le fer dont on fait des couteaux, des

sabres, ces précieux fusils qui viennent de s loin et que nos voisins ne se procurent qu'en vendant des hommes?...

— Oui! le fer n'est rien, comparé à l'or. Les peuples blancs qui viennent dans nos pays acheter des esclaves se vendraient entre eux en échange de quelques morceaux comme ceux que je viens de trouver.

— Alors, reprit naïvement le prince, nous pouvons les rendre heureux, car je connais non loin d'ici une rivière torrentueuse dont les cailloux sont tous de cette matière.

— Hâte-toi de m'y conduire, dit Osaï.

Ils prirent la direction de l'endroit désigné et une heure après ils y étaient arrivés.

Touto-Mongo ne s'était pas trompé. Ils se trouvèrent sur les bords d'un torrent alors presque à sec dont le lit était formé d'entassements de morceaux d'or de mille façons. Osaï ne pouvait se lasser de contempler ces lingots dont son ami ignorait complètement l'usage.

Sur la prière de l'Ashanti, il l'imita et se munit de quelques-uns de ces cailloux; puis ils reprirent le chemin du village, lourdement chargés l'un et l'autre. La route était périlleuse, mais les deux compagnons étaient adroits et agiles. Dès l'enfance, le jeune prince s'était habitué à gravir les pentes les plus escarpées, à grimper au sommet des arbres, à marcher sans frémir sur le bord des abîmes et à la crête des précipices. Cette course qui, pour des chasseurs moins aguerris, eût été sinon un problème insolite, au moins une tâche des plus difficiles, n'était qu'un jeu pour les deux amis qui arrivèrent sans encombre à la grande case qui servait de palais au roi. En effet, l'Ashanti n'était ni moins fort ni moins agile que son royal compagnon.

Pendant qu'ils cheminaient :

— Mongo, dit Osaï, il importe que tu me fasses une promesse solennelle : c'est de ne divulguer à personne le lieu où se trouve le torrent que tu m'as montré et dont les trésors suffiraient à acheter tous les esclaves d'Afrique.

— Cette recommandation me semble bien inutile, répondit le prince. En dehors de toi et de mon cousin Thibé, qui connaît ces lieux aussi bien que moi-même, personne de la nation syebo ne songera jamais à grimper sur ces cimes, où jamais nul d'entre eux n'a pénétré.

— C'est vrai, reprit Osaï ; mais promets-moi néanmoins de ne jamais faire savoir à âme qui vive que ce lieu si riche existe dans cette contrée. Quand nous vendrons de l'or, et tu verras bientôt combien est précieux son usage ; nous irons secrètement en chercher sur les sommets où il se trouve. Grâce à cette découverte, les Niam-Niam et les Monboutou nous donneront en échange de notre or brut tout ce qui peut plaire ou servir à la nation syebo. »

Touto-Mongo était jeune et confiant ; jamais il n'avait pu concevoir une perfidie ou une trahison ; il promit tout ce que demandait Osaï. Dès qu'ils furent rentrés dans la case royale où ils demeuraient, l'Ashanti se hâta de préparer une des forges à l'aide desquelles il façonnait le fer, il la garnit de charbon de bois, dont il avait aussi appris aux Syebo la fabrication ; quand elle fut rouge, il mit, dans un vase de terre qu'il avait fabriqué lui-même, un des morceaux d'or qu'il avaient rapportés. Le soir même il en tirait des colliers et des bracelets qu'à l'aide d'une terre rouge ramassée près de la case il polit et rendit plus brillants que le cristal de roche.

Le jeune prince était dans l'admiration devant les talents de son ami. Son père, auquel ces bijoux de fabrication nouvelle furent gracieusement offerts, ne se sentait pas de joie ; il se hâta de faire venir la plus jeune et la plus belle de ses femmes, Najara, qu'il préférait entre toutes, et il orna ses bras, ses pieds, ses doigts et son cou de ces luxueuses parures, plus belles que tout ce qu'ils avaient pu rêver jusqu'à ce jour.

— Tu m'apprendras aussi cet art merveilleux, Osaï? demanda Touto-Mongo d'un ton suppliant.

— Oui, ami, et avant un mois, tu y seras passé maître.

Dès le lendemain, le jeune homme commença son apprentissage et, ainsi que le lui avait promis son compagnon, il fit de rapides progrès. Son cousin Edibé, qui assistait à ces travaux et y prenait part, devint aussi en peu de temps un ouvrier passable.

Deux mois plus tard, ils avaient fait quelques visites à leur inépuisable mine et des monceaux d'or s'étaient convertis en bijoux précieux. Osaï prit à part son ami.

— Il ne faut pas, dit-il, que notre travail soit stérile, et voici ce que je propose. Edibé, toi et moi nous emporterons dans des corbeilles, sur nos têtes, la plus grande quantité possible des anneaux et des colliers fabriqués; nous prendrons la route qui nous conduira chez les Monboutou et nous échangerons nos richesses contre des fusils, du tabac, du sel et des étoffes.

— Partons donc demain à l'heure où le soleil se lève. Je préviendrai Edibé.

— Silence, surtout, à l'égard de tous les autres, dit Osaï; il importe que le roi Touto ignore notre voyage; laissons-lui croire que nous allons à la chasse. Dans trois ou quatre jours, à notre retour, il aura la surprise de nous voir étaler à ses pieds des richesses plus grandes qu'il n'en a jamais rêvé.

Ils partirent ainsi que c'était convenu et, malgré leurs fardeaux, ils ne s'arrêtèrent ni le jour ni la nuit. Le lendemain, à midi, ils arrivèrent dans le grand village des Monboutou dont le chef les reçut en amis et en alliés.

Ils lui montrèrent leurs richesses, mais, ainsi qu'en avait manifesté la crainte le jeune prince-syebo, le roi ne témoigna pas à cette vue l'enthousiasme qu'avait espéré Osaï. Il considéra ces bijoux avec plus de curiosité que d'envie de les posséder.

— Je connais ce métal, leur dit-il, et il s'en trouve dans mes États; il n'est guère bon qu'à servir de parure, car il est trop mou pour être d'un usage vraiment utile. Je sais pourtant que les blancs l'ont en grande estime. Si donc vous voulez tirer bon profit de vos bijoux, dont le travail me semble fort beau, avancez-vous à trois heures de marche vers le nord; vous trouverez, au pied d'une colline qu'on voit d'ici, l'arabe Ali, campé avec un troupeau d'esclaves qu'il vient d'acheter, vous lui montrerez vos bijoux, et comme il est infiniment riche, il vous en donnera certainement un bon prix.

Suivant ce conseil amical, les trois jeunes hommes reprirent leurs fardeaux et se remirent en route.

Ils arrivèrent au camp du marchand d'esclaves et ils demandèrent à lui parler.

C'était un homme grand et fort; il était coiffé d'un turban et vêtu d'un burnous de laine blanche. Sa figure ne renfermait pas autant de férocité qu'on aurait pu le penser et ses yeux dénotaient plus d'astuce que de froide cruauté.

Touto-Mongo déposa son fardeau à ses pieds et découvrit sa corbeille.

Quand l'Arabe vit briller l'or des bijoux, sa figure s'illumina et resplendit. Il se jeta à genoux devant les objets étalés et plongeant la main dans le jaune métal, il parut éprouver à ce contact une immense volupté.

II

Osaï adressa la parole à l'Arabe, dans une langue que ses compagnons ne comprenaient pas. Quand Touto-Mongo lui demanda pourquoi il ne se servait pas de la langue syebo :

« Parce que le seigneur Ali ne sait et ne comprend que l'arabe, » répondit-il.

La conversation entre les deux hommes était vive et animée. Sur l'ordre d'Ali, des serviteurs apportèrent des calebasses remplies d'une liqueur dans laquelle Mongo, Edibé et Osaï trempèrent leurs lèvres; mais à peine le jeune prince en eût-il goûté, qu'il crut avoir avalé du feu et qu'il répandit sur le sol l'affreux poison.

Touto-Mongo vit ensuite avec une immense satisfaction que les serviteurs du marchand d'esclaves venaient faire devant ses compagnons et lui des amoncellements d'objets précieux, armes et munitions, perles et étoffes, en telle quantité qu'il n'avait encore rien vu ni rêvé de pareil. Il comprit bien que c'étaient là les marchandises que l'Arabe leur offrait en échange de leur or et il commença intérieurement à remercier Osaï de l'heureuse initiative qu'il avait eue.

» Grâce à lui, se disait-il naïvement, tout le peuple syebo sera bientôt armé de fusils et aura des munitions de guerre qui le rendront si redoutable qu'il n'aura à craindre l'attaque d'aucun ennemi. Grâce à ce cher ami, nous aurons ainsi la paix assurée et devenus les premiers par la force, nous le deviendrons par l'industrie, par le commerce et par la richesse. Gloire donc à l'honnête Osaï ! Jamais mon père ne le récompensera assez pour les services qu'il rend au peuple syebo. »

Il en était là de ses réflexions, quand, tout à coup il se sentit saisir par le cou et terrasser. Quand les soldats d'Ali l'eurent garrotté, il crut comprendre que, dans son avarice maudite, le marchand d'esclaves avait résolu de le faire périr, lui et ses deux compagnons, afin d'avoir leurs richesses sans bourse délier.

Le malheureux jeune prince n'avait pas encore deviné toute la noirceur du crime dont il était victime.

Quand il fut un peu remis de la secousse qu'il venait d'éprouver, il regarda autour de lui. Il vit son cousin Edibé étendu à ses côtés : sa figure, de noire qu'elle était, était devenue presque blanche.

— Edibé, lui dit-il à mi-voix, souffres-tu et ces coquins t'ont-ils blessé ?

Edibé ne répondit pas ; le prince le regarda plus attentivement.

Le malheureux était couché sur le sol ; Touto-Mongo

remarqua qu'aucun lien n'attachait ses mains ni ses pieds ; son regard dirigé vers le ciel était fixe ! Horreur ! il avait une plaie béante ouverte sur la poitrine et un rouge torrent qui s'en échappait formait à ses côtés une mare sanglante. Le pauvre Edibé était mort, mort sous le poignard assassin des traîtres !

Touto-Mongo chercha des yeux Osaï, tremblant de le trouver victime d'un pareil sort. Il le vit près de l'Arabe et causant avec lui sans plus d'émotion que si rien n'était arrivé.

Il ne pouvait comprendre ce que disaient les deux personnages, car ils continuaient à parler une langue qui lui était étrangère ; mais il s'imaginait, dans son ingénuité, que son compagnon faisait de généreux efforts pour racheter sa vie et qu'il offrait à Ali de lui céder pour rien leur or et au besoin de lui en donner davantage en échange de leur liberté. Il voyait, en effet, les serviteurs du traitant arabe remporter à la fois l'or et les marchandises qui avaient été étalées devant eux.

Tout à coup, il vit Osaï et Ali se serrer amicalement la main et son compagnon s'éloigner.

— Osaï, Osaï, cria-t-il, est-ce ainsi que tu m'abandonnes ?

L'Ashanti revint sur ses pas et s'approcha du jeune prince.

— Mongo, dit-il en souriant d'un air infernal, Edibé et toi étiez trop jeunes pour porter le secret du gisement d'or que tu m'as fait connaître. C'est moi qui ai percé le cœur de ton cousin. Quant à toi, tu aurais eu le même sort si l'Arabe Ali ne s'était pas formellement opposé à ta mort. Tu lui as sans doute paru un esclave d'une grande valeur et son avarice a été plus forte que le soin de sa sécurité. Il va t'emmener dans des contrées lointaines ; jamais tu ne reverras le pays des syebo. Pense, pour te consoler, que ton ancien ami Osaï a pris ta place dans ton royaume. Le roi Touto, ton père, quand il t'aura oublié, m'adoptera ; je régnerai sur ton peuple et je serai seul maître de la mine du précieux métal. Adieu ! »

La trahison de l'Arabe Ali n'avait pu parvenir à émouvoir l'âme du jeune prince : celle d'Osaï qu'il avait si sincèrement aimé lui arracha un torrent de larmes.

Il pensa d'abord à se tuer pour éviter les horreurs de l'esclavage ; mais en voyant l'ingrat, le perfide Osaï s'éloigner d'un air triomphant, il résolut de vivre pour la vengeance. Il jura par le grand fétiche royal, père de sa race, qu'il mettrait à mort le marchand d'esclaves et son complice.

Il regretta alors que l'Arabe Ali ne connût pas son langage, mais il pensa que peut-être quelqu'un de sa suite pourrait le comprendre et lui servir d'interprète.

— Quelqu'un ici, dit-il à haute voix, connaît-il la langue des Syebo ?

Le marchand d'esclaves s'approcha souriant.

— Prince-Touto-Mongo, dit-il en syebo, si tu as quelque chose à me demander, parle ! Je connais ton langage et tous les dialectes des diverses peuplades de l'Afrique.

Le jeune homme comprit que le rusé Osaï l'avait trompé en lui affirmant qu'il ne connaissait que la langue arabe, et qu'il n'avait parlé un idiome étrager qu'afin de n'être pas compris par ses compagnons.

— Marchand d'esclaves, sais-tu qui je suis? demanda le jeune prince.

— Parfaitement, répondit Ali sans s'émouvoir, tu es Mongo, fils de Touto, roi des Syebo. Tu es le dernier descendant de la grande race des rois galla, et c'est pour cela que je suis fier de t'avoir réduit en servitude.

— Je suis victime de la plus terrible des trahisons car celui qui m'a livré à toi était mon ami; il devait la vie à mon père et à moi. Mais n'espère pas me voir gémir et me plaindre comme une femme. Tu es mon maître puisque tu es le plus fort; que comptes-tu faire de moi?

— Je veux t'emmener dans les Indes, un pays situé bien loin d'ici, dans les contrées où le soleil se lève. Je t'y vendrai à un grand prince auquel j'ai juré, par la barbe du Prophète, de lui livrer un esclave de race royale.

— Combien te payera-t-il pour m'avoir parmi ses esclaves?

— Il est immensément riche et je pourrais avoir un trésor en échange de toi; pourtant je suis décidé à te donner gratuitement. C'est un cadeau que je dois au Maharaja pour des services antérieurs dont je ne pourrais m'acquitter autrement.

— Je regrette que tu ne veuilles pas mettre un prix à ma délivrance, car je suis assez riche pour te payer, quelque valeur que tu m'attribues... Cet or, que tu sembles tant estimer, je puis t'en donner une case pleine.

— Vraiment! fit l'Arabe d'un ton si vif que le jeune homme vit bien qu'il avait frappé juste.

Puis il ajouta après un moment de réflexion :

— Tu désires me tromper, et je ne t'en veux pas pour cela, car c'est de bonne guerre. Où est-il donc, cet or dont tu me parles?

— Tu connais, dis-tu, ma famille et ma race. Tu dois savoir alors que la parole des rois galla est sacrée. Je te jure par le fétiche de mes pères que, si tu veux me rendre ma liberté, je te donnerai assez d'or pour que dix mulets ploient sous le poids du métal.

» Tu me demandes où je prendrai cet or? Où donc ai-je pris celui que nous t'avons apporté? Je connais un lieu situé dans le royaume de mon père où il y en a plus que cent mille hommes ne pourraient en porter. N'as-tu pas compris que si Osaï m'a livré à toi et a assassiné mon cousin Édibé, que s'il voulait me tuer moi-même, c'est précisément pour rester seul possesseur de ce gisement aurifère dont je lui ai révélé l'existence? »

Le marchand d'esclaves réfléchit un instant. Il sentit que ce que disait Mongo était l'expression de la vérité.

— Comment me payeras-tu si j'accepte ta proposition? demanda-t-il.

— Tu viendras avec moi chez les Syebo, accompagné de ta suite. Je dirai à mon père l'engagement que j'ai pris vis-à-vis de toi; tu me donneras quelques-uns de tes compagnons, si tu en as d'assez agiles pour me suivre sur des escarpements inaccessibles. Nous irons chercher l'or autant de fois qu'il le faudra pour que tu te déclares satisfait.

— Soit donc, dit Ali. Tu as prononcé ton grand serment ; j'ai confiance en toi, et tu peux considérer notre marché comme conclu.

En disant ces mots, il se baissa et détacha lui-même les liens qui serraient étroitement les mains du prince syebo. Le corps du malheureux Édibé fut enveloppé dans une natte de jonc et placé sur le dos d'un mulet afin que les Syebo pussent lui rendre les honneurs funèbres, quand la caravane aurait restitué son corps.

— Touto-Mongo, dit Ali, j'ai foi dans ta promesse, mais je tiens pourtant à te montrer que je suis à même, s'il te prenait fantaisie de me tromper, de te punir de ton manque de foi. Voilà un de mes compagnons que j'envoie prévenir mon associé Abderam, qui n'est qu'à quelques lieues d'ici, avec une troupe dix fois plus nombreuse que la mienne. Si dans deux jours je ne suis pas revenu ici sain et sauf, avec mes hommes et mes esclaves, il envahira ton pays et le mettra à feu et à sang. Maintenant, marchons.

Un mulet fut mis à la disposition de Mongo et la caravane se mit en route. Le soir même elle arriva aux portes du village où demeurait le roi Touto.

Le jeune prince ne s'était résigné à traiter avec Ali que dans le but de se venger d'Osaï, et ce qu'il craignait par-dessus tout, c'était de voir ce traître lui échapper. Il pria donc le marchand d'esclaves de suspendre sa marche et d'attendre, dans le lieu où ils étaient arrivés, qu'il fût de retour et qu'il l'introduisît dans le village avec sa suite.

La caravane se composait de cinquante mulets, d'une dizaine d'Arabes armés jusqu'aux dents et de deux cents nègres, esclaves ou serviteurs qui portaient des fardeaux, provisions de bouche ou marchandises d'échange. Ali, craignant peut-être quelque trahison, peut-être aussi désireux de faciliter les projets de Mongo, ordonna à sa suite de dresser ses tentes à l'endroit où elle se trouvait.

— Entre seul dans le village, dit-il à son ex-captif; demain, dès l'aube, je t'attendrai ici, et je chercherai parmi mes esclaves les montagnards capables de te suivre dans l'ascension que tu as promis de faire à mon bénéfice.

Touto-Mongo demanda au traitant un poignard qu'il portait à sa ceinture :

— Je comprends ton dessein, dit l'Arabe, en tendant l'arme demandée; mais sois prudent et ne risque pas ta précieuse existence.

Le jeune prince partit et entra dans la case de son père par une porte dérobée qu'il avait prise bien souvent quand il rentrait attardé de la chasse. Il pénétra dans l'intérieur des pièces sans rencontrer personne qui le reconnût, et il entra dans la salle où son père possédait le siège sacré sur lequel ne s'assoient que les rois des Syebo. Le vieux monarque était là, la tête dans sa main, insensible à tout ce qui se passait autour de lui, et plongé dans une méditation profonde. A ses côtés était assis le perfide Osaï.

Le traître vit entrer le fils du roi et pâlit; sa main se porta sur sa sagaïe qu'il arracha vivement de sa ceinture et qu'il lança contre le survenant avec la rapidité de l'éclair.

Mongo s'attendait heureusement à cette attaque et, grâce à son agilité, il évita le choc mortel. En un clin d'œil il fut sur l'estrade et son bras vengeur agita la lame meurtrière du poignard d'Ali.

Osaï avait, de son côté, tiré son poignard et les deux armes se croisèrent en une multitude de chocs.

Le roi Touto, arraché à sa rêverie par le bruit de la lutte, leva la tête, reconnut son fils et poussa un cri de joie.

A la vue du combat engagé, comprit-il, par une intuition instantanée, la trahison d'Osaï ou tenta-t-il de séparer les combattants? toujours est-il qu'il prit l'Ashanti à la gorge et que, pendant que Mongo plongeait jusqu'à la garde son poignard dans la poitrine du traître, celui-ci enfonça son fer dans le cœur du roi.

Quand les gens du palais accoururent, il était trop tard; deux cadavres étaient gisants sur la natte de l'estrade royale.

III

Mongo se précipita sur le corps de son malheureux père et le couvrit de baisers, sans parvenir à rappeler chez l'infortuné vieillard le moindre souffle de vie.

Tous les hommes de la case royale et les femmes du roi se précipitèrent dans la salle et vinrent se prosterner aux pieds du prince héritier. Ce dernier raconta le drame qui venait d'avoir lieu et l'infâme trahison qui l'avait précédé. Tous se jetèrent sur le corps du criminel, le mirent en pièces et s'enfuirent pour en jeter les fragments en pâture aux vils chacals.

Avant le lever du jour, les habitants accoururent par milliers et acclamèrent, à l'unanimité, Mongo, roi des Syebo.

Dès l'aube, suivant sa promesse, celui-ci se rendit au camp du marchand d'esclaves ; il lui raconta sa vengeance et l'irréparable malheur qui l'avait accompagnée. Ali félicita son ex-captif de sa nouvelle dignité et il lui donna une escorte de dix de ses esclaves qu'il lui affirma être capables de le suivre sur le sommet des rochers les plus inabordables.

Le nouveau roi et ces esclaves partirent et revinrent chargés du métal précieux qui devait payer la rançon de Mongo. Pendant huit jours, ils recommencèrent cette excursion, et non seulement les dix mulets promis, mais vingt-cinq mulets de la cavalcade avaient vu leurs fardeaux primitifs remplacés par un poids d'or qui faisait ployer leurs robustes échines.

Ali, de son côté, avait achevé de gagner la confiance du jeune roi en lui abandonnant les marchandises précieuses que portaient ses mulets et que des corbeilles pleines d'or remplaçaient. Il rêvait aux moyens qu'il pourrait employer pour charger de même les vingt-cinq mulets restants.

— Mongo, dit le marchand d'esclaves, tu as fait plus que tu n'avais promis et je me déclare très satisfait. Tu avais le droit de m'en vouloir, mais je te jure que c'est ton ami Osaï qui seul a eu l'idée de la trahison dont tu as été victime. Pour me prouver que tu ne m'as pas gardé rancune, organise une fête dans laquelle tu célébreras les funérailles du roi ton père et de ton cousin Edibé. Cette solennité marquera en même temps l'époque de ton avènement au trône. Tu distribueras à ton peuple, comme don de bienvenue, les étoffes, les armes, les perles et les ustensiles dont je t'ai fait présent, et, de mon côté, je me charge, par des largesses inattendues, d'augmenter la pompe de cette fête.

Le nouveau roi remercia Ali et, sans défiance, donna des ordres pour que la solennité eût lieu avec toute la splendeur possible. Pendant ce temps, l'Arabe fit partir ses mulets chargés d'or dans une direction qu'il indiqua à son lieutenant, auquel il donna une escorte d'une vingtaine d'hommes armés jusqu'aux dents.

La confiance de Mongo et celle de son peuple envers Ali était si grande, quoique si peu justifiée, que celui-ci et tous les hommes de sa suite, Arabes ou nègres esclaves, circulaient librement à travers les villages, et que les femmes et les jeunes filles se plaisaient à écouter les récits qu'ils faisaient de leurs longs voyages ; car tous ou presque tous parlaient à volonté une langue composée d'idiomes africains que les Syebo pouvaient comprendre.

Le jour fixé pour la cérémonie, un grand nombre d'habitants accoururent dans le grand village où était située la résidence royale. Dès le matin, Ali avait fait apporter en face de cette case de grandes quantités d'objets de toutes sortes qu'il avait entassés à côté de ceux qu'il avait déjà donnés au jeune roi et que celui-ci se proposait de distribuer à son peuple.

Quand Mongo eut donné le signal et que la fête commença, le négociant arabe inaugura ses libéralités par une distribution générale de vivres qui étaient inconnus aux Syebo, mais qui furent du goût de tout le monde. Son cuisinier avait fait cuire dans de grandes bassines des boules de farine, auxquelles étaient mélangés des quartiers de viande. Tous les dignitaires du royaume furent invités à goûter de ce mets que les Arabes appellent couscoussou et que tout le monde trouva exquis. Le jeune roi avait, de son côté, fait faire une grande provision de vin de palme qui égaya les convives.

Quand arriva la fin du repas, Ali fit apporter plusieurs tonneaux de cette liqueur qu'il avait déjà fait goûter à Mongo et que celui-ci avait prise pour un breuvage empoisonné, tant elle lui avait paru brûlante et caustique. Le marchand d'esclaves assura au nouveau roi que rien ne saurait plaire davantage à son peuple, que toutes les nations de l'Afrique font une énorme consommation de cette boisson et qu'elle était autant au-dessus du vin de palme que les fusils sont supérieurs aux arcs et aux flèches en bois dur.

Mongo se laissa convaincre, et, bien qu'il refusât pour lui-même et pour ceux de son entourage de faire usage de la boisson brûlante, il ne s'opposa pas à ce qu'il en fût fait une distribution à ceux de sa nation qui la trouveraient de leur goût.

Les premières tentatives firent faire de fort laides grimaces à ceux qui se hasardèrent à boire l'eau de feu; mais le roi vit bientôt qu'ils s'y habituaient et que non seulement ils la buvaient avec plaisir, mais encore qu'ils en redemandaient avec passion.

Ignorant complètement les terribles effets de cette boisson traîtresse, il ne s'opposa nullement à ces libations, pour lesquelles Ali se montra d'une prodigalité qui aurait dû le faire réfléchir.

Les conséquences de cette imprudence, ou plutôt de cette aveugle confiance, ne tardèrent pas à se faire sentir.

Le soleil avait à peine atteint la moitié de sa course; le jeune roi était rentré suivi d'Ali et de ses conseillers intimes pour se mettre à l'abri, sous l'ombre de la case, contre les ardents rayons du soleil. Ils entendirent au dehors des cris et des hurlements indescriptibles. Mongo envoya son ministre Eloqué pour connaître la cause de ce désordre. Eloqué rentra précipitamment quelques instants plus tard, vivement ému.

« Sire, dit-il, le fétiche de la folie semble s'être emparé de votre peuple entier. Hommes et femmes courent dans les rues comme des insensés, criant, hurlant, titubant sur leurs jambes et tombant sur le sol. Les uns luttent contre des esprits invisibles, d'autres se rejoignent et se battent entre eux, sans raison.

Le roi sortit à son tour, espérant que sa vue calmerait la population ; mais ni ses prières, ni ses ordres ne furent écoutés.

Il vit que les distributions de la liqueur ardente continuaient ; mais tels étaient son ignorance et son aveuglement qu'il ne songea pas même un instant que là pouvait être la source des désordres affreux qui se manifestaient chez son peuple.

Il rentra auprès de ses convives et trouva ses conseillers vivement affectés et inquiets. Bien que très préoccupé lui-même, il s'efforça de les rassurer.

— Cette surexcitation passagère, qui s'est emparée de tous les Syebo, dit-il, tombera avec le temps ; la fatigue aura bientôt raison des plus exaltés ; ils rentreront alors dans leurs cases et un sommeil bienfaisant remettra le calme dans leur esprit.

En ce moment, un des serviteurs, qui avait échappé à la contagion universelle, entra tout effaré.

— Toute une armée étrangère me suit, dit-il ; elle a déjà envahi le village et avant qu'il soit quelques instants elle entrera dans la case royale.

La pensée d'une trahison vint alors dans l'esprit de Mongo pour la première fois. Il tira de sa ceinture le poignard que lui avait donné Ali et regarda le marchand d'esclaves dans les yeux.

Celui-ci ne sourcilla pas.

— Si l'on nous attaque, s'écria-t-il, comme s'il prenait vraiment fait et cause pour son ancien captif, il ne nous reste qu'à nous défendre vaillamment. Il s'arma alors d'un revolver à six coups, dont la veille il avait montré au jeune roi la puissance meurtrière. Ses compagnons l'imitèrent et, les gens de la case royale se mirent aussi sur la défensive.

A ce moment, des cris épouvantables retentirent dans les rues du village. Mongo comprit que les ennemis, ayant surpris son peuple désarmé et réduit à l'impuissance par la terrible hallucination dont il était devenu subitement la proie, égorgeaient ces malheureux sans défense. Il voulut opérer une sortie, mais tous ceux qui l'entouraient le suppliaient de n'en rien faire ; l'armée envahissante, d'après le rapport du serviteur qui avait donné l'alarme, se composait d'une énorme quantité de guerriers, et toute tentative de résistance extérieure eût été une inutile folie.

Le roi vit avec satisfaction que tous les compagnons d'Ali restés dehors, Arabes ou esclaves, arrivaient précipitamment se joindre à la petite troupe de ses défenseurs. Ils étaient armés de revolvers et de ces carabines à longue portée et à tir rapide qui avaient fort émerveillé le monarque quand Ali lui avait montré leurs qualités meurtrières.

Tous vinrent, sous les ordres de leur maître, se

ranger autour du roi et désormais celui-ci considéra, grâce à leur concours, non seulement la défense de la case royale comme possible, mais encore il crut pouvoir compter sur la victoire.

Tout à coup, au moment où il s'y attendait le moins, il se sentit saisi et garrotté par dix personnes à la fois. Ali, le traître Arabe, avait pris dans la sienne la main du confiant Mongo armée de son poignard et l'avait désarmé.

— A moi ! mes compagnons », s'écria le roi.

Un immense éclat de rire répondit à son appel désespéré.

Mongo se souleva sur ses coudes et vit avec désespoir que tous les siens avaient subi le même sort que lui.

— Dix hommes seulement pour garder ces chiens, commanda le marchand d'esclaves. Brûlez la cervelle au premier d'entre eux, sauf le roi Mongo, qui tenterait de faire un mouvement. Pour moi, je vais arrêter le carnage. Si je laissais faire ces brutes de Monboutou, ils ne me garderaient pas un esclave. »

Mongo comprit alors toute la scélératesse d'Ali ; c'était lui qui avait envoyé chercher l'armée de Monboutou et qui l'avait appelée dans le pays des Syebo, malgré les traités de paix qui liaient les deux nations. Il devina le but qu'avait poursuivi le perfide traitant en provoquant la fête des funérailles du roi défunt, et le rôle joué dans cette indigne trahison par la liqueur de feu !... Il remarqua qu'aussitôt après la sortie d'Ali, les cris tumultueux et les clameurs de détresse qu'on entendait dehors cessaient peu à peu. Au bout d'une heure d'absence, l'infâme trompeur rentra.

Il était inquiet et agité.

— Avez-vous vu quelque part mes esclaves montagnards ? demanda-t-il à ceux qui étaient préposés à la garde des prisonniers.

— Non, maître, dit celui qui semblait commander aux autres ; vous savez qu'ils étaient les gardiens de l'entrée du village et que c'étaient eux qui devaient introduire l'armée monboutou.

— Les gredins ne se trouvent nulle part, et je crains qu'ils n'aient profité du tumulte pour s'enfuir.

— Que peut vous faire la fuite d'une vingtaine d'esclaves, le jour où vous pouvez emmener tout un peuple ? fit observer le chef des gardiens.

— Ce que cela peut me faire ? s'écria Ali avec une explosion de colère qu'il ne put contenir ; ne sais-tu donc pas que parmi eux sont les dix hommes que Mongo a emmenés à la montagne de l'or, et que sans eux il me sera impossible de retrouver cet inépuisable trésor ?

— Mais vous avez Mongo en votre pouvoir, dit méchamment le complice du traître. Ne pouvez-vous pas l'obliger à vous conduire aux lieux que vous désirez connaître ? Il aimera mieux sans doute conserver sa peau que son secret. C'est simplement un marché à lui proposer.

Le roi captif prit à ce moment la parole :

— Mongo a pu se laisser tromper deux fois, dit-il; il ne se laissera pas tromper une troisième. Vous avez ma vie entre vos mains ; mais pensez-vous que je tienne à la vie sans la liberté ?

Vous m'avez tout ravi, mon père, ma famille, mes amis, mon peuple, mon trône, mon indépendance ; prenez maintenant ma vie : ce sera le premier *service réel que vous m'aurez rendu.*

IV

— Mongo, dit Ali, tu peux être rassuré sur ton sort personnel. D'autre part, j'ai juré par Allah, au Maharajah de Mus-Tagh, que je te donnerais à lui à titre de présent ; d'un autre côté, les Monboutou, grâce au concours desquels j'ai pu presque sans effusion de sang m'emparer de tes États et de ton peuple, ont mis comme condition expresse à mon traité d'alliance avec eux, que tu aurais la vie sauve, quoi qu'il pût arriver. Ils ont une vénération stupide pour tout ce qui tient à ta race, et ma propre vie ne serait pas en sûreté s'il te survenait quelque accident.

» Tu vois que j'ai le plus grand intérêt à veiller à ta précieuse existence, continua ironiquement le marchand d'esclaves ; je ne te ferai donc pas de vaines menaces pour t'arracher ton secret, si tu t'entêtes à le conserver. Qu'il me suffise de te rappeler que tu vois aujourd'hui ces lieux pour la dernière fois, que je vais t'emmener à plus de mille lieues d'ici, au delà des mers immenses; que ni toi, ni aucun des tiens ne reviendrez jamais dans ce pays, puisque j'emmènerai captifs tous les hommes et toutes les femmes valides qui composent ton peuple, sans oublier les enfants qui constituent, sur les marchés d'esclaves, une valeur sérieuse. Les impotents et les vieillards, toutes les non-valeurs, seront mis à mort par les Monboutou auxquels j'ai abandonné, comme part de butin, tout ce qui, dans tes États, peut leur paraître avoir une importance quelconque. Ton secret, tu le vois, n'a pour toi aucune valeur. Pourquoi ne me le livrerais-tu pas?

— Mon secret, reprit alors le noble captif, n'a jamais eu pour moi aucun intérêt. Je méprisais déjà cet or, pour lequel tu es disposé à commettre tous les crimes; aujourd'hui qu'il m'a coûté tout ce que j'aimais, tout ce que je vénérais, je le hais de toutes les forces de mon âme. Ce n'est donc pas par avarice que je refuse de te faire connaître la riche mine que le hasard m'a fait découvrir, mais pour te châtier de ta mauvaise foi et de ta trahison.

» Si tu avais été un homme honnête, un hôte vertueux, j'avais résolu, avant ton départ, de te faire porter par deux de tes esclaves montagnards sur les amoncellements de métal qui sont dans mes États; je t'aurais autorisé à t'y fournir indéfiniment et ta vie entière n'aurait pas suffi pour faire une brèche sérieuse à ce trésor. Aujourd'hui, traître, les génies protecteurs de Syebo t'ont puni de ton avarice. Tes esclaves ont fui et tu ne les retrouveras jamais dans les régions inaccessibles dont je leur ai fait connaître les abords.

— Tu as tort, Mongo, reprit Ali d'un ton mielleux ; si tu t'étais montré complaisant, j'aurais été aimable pour toi. Tout en te faisant surveiller de près, je t'aurais laissé une certaine somme de liberté, t'aurais évité la honte de porter le carcan et les entraves de l'esclave. Mais puisque tu m'y obliges, il faudra te résigner à subir le sort de tes sujets les plus infimes.

— Tais-toi, monstrueux hypocrite, immonde trompeur! dit le roi. Je te hais trop pour vouloir te devoir jamais rien. Qu'il me suffise de te donner un dernier conseil. Jamais, dans la suite, mes lèvres ne se souilleront d'un mot qui te soit adressé. Fais-moi mourir aujourd'hui, ou bien, j'en jure par le grand fétiche royal, protecteur et père de ma race, je te ferai subir le sort que j'ai infligé à Osaï.

Le marchand d'esclaves sourit méchamment.

— Ils sont tous ainsi, dit-il, et on aurait beaucoup à faire s'il fallait s'occuper de leurs menaces. Mongo, je ne te crains pas, parce que tu n'auras jamais la possibilité de tenir une arme et de me tuer.

Le lendemain, l'armée des Monboutou ramenait cinq à six mille captifs, hommes, femmes et enfants de la nation syebo. Les autres avaient réussi à s'enfuir dans les bois et dans les régions inabordables des montagnes. Quand Ali donna le signal du départ, Mongo avait, comme ses compagnons d'infortune, les mains liées au joug que les traîtres avaient placé au cou des captifs et ses jambes étaient chargées d'entraves qui rendaient inutile toute tentative d'évasion.

La caravane d'esclaves marcha ainsi quarante

jours à travers des contrées qui leur étaient complètement inconnues. Une troupe nombreuse d'Arabes bien armés, sans doute les soldats d'Abderam, l'associé d'Ali, dès le second jour après le départ, s'était jointe à l'escorte du perfide Arabe, de sorte que les captifs étaient sans cesse exposés aux coups meurtriers de leurs implacables vainqueurs.

Plusieurs centaines de prisonniers syebo périrent ainsi pendant le trajet, les uns parce qu'ils n'avaient pu retenir leur langue et maudissaient leurs bourreaux, les autres parce que vaincus par la fatigue, ils se laissaient tomber sur le sol brûlant et refusaient d'aller plus loin.

Malgré cette active et incessante surveillance, plusieurs des captifs tentèrent de rendre à leur roi sa liberté. Pendant une nuit d'orage, où toutes les puissances infernales de la tempête semblaient s'être réunies pour anéantir la caravane, quelques-uns réussirent à se débarrasser de leurs entraves et à délivrer Mongo.

Celui-ci s'informa du lieu où était Ali; mais quand il apprit que le traître était momentanément absent du campement, il refusa absolument de s'enfuir avant d'avoir frappé le coup mortel qui devait le venger. Ses amis le supplièrent en vain ; ils durent s'échapper seuls et ils réussirent à regagner le pays syebo qu'ils trouvèrent ravagé et plus inculte qu'un désert.

Le roi captif n'avait pas d'armes, mais, résolu à s'en procurer une, il se glissa comme un serpent jusqu'auprès d'un de ses gardiens arabes endormi sur le sol, et parvint, sans l'éveiller, à retirer de son fourreau le sabre recourbé qu'il portait à son côté.

Il croyait ainsi tenir enfin sa vengeance, mais la Providence en avait sans doute ordonné autrement ; car tout à coup, les gardiens s'aperçurent de la disparition des fugitifs et accoururent près du royal prisonnier. Ils virent qu'il était débarrassé de ses entraves et ils se jetèrent sur lui pour le désarmer et pour le mettre de nouveau hors d'état de résister et de fuir.

Mongo se défendit vaillamment. Grâce à l'arme qu'il s'était procurée, il combattit comme un lion. Douze de ses agresseurs mordirent la poussière, mais il dut enfin succomber sous le nombre ; et quand Ali revint à son camp, son captif avait de nouveau perdu l'usage de ses bras et de ses jambes. Il le trouva garrotté et couché sur le sol. Furieux de la désertion de ses esclaves et de la mort de ses soldats, il s'approcha du prisonnier.

— Pourquoi, puisque tu n'avais plus d'entraves, n'as-tu pas pris la fuite avec les autres déserteurs de ta nation ? demanda-t-il.

— Parce que la liberté ne saurait avoir aucun charme pour moi, tant que tu respireras, traître ! repartit noblement le royal esclave.

— Alors cette arme que tu avais dérobée à un de mes gardes ?...

— J'avais résolu de te la plonger dans le cœur !

Ali s'efforça en vain de dissimuler son émotion. Il s'éloigna en maugréant, mais ne fit pas la moindre réflexion.

La caravane d'esclaves, plus soigneusement gardée que jamais, arriva dans un pays marécageux, tout rempli de roseaux immenses, si serrés les uns contre les autres que la marche devenait presque impossible. Tantôt les gardiens étaient obligés de frayer la route aux esclaves, et de couper avec leurs sabres les futaies qui s'opposaient à la marche de la colonne ; tantôt, après une marche en avant, les captifs se trouvaient en face de marais inabordables où mulets et chameaux s'enfonçaient et disparaissaient dans la vase. La colonne était obligée alors de revenir sur ses pas et de chercher un autre passage.

C'est ainsi qu'ils atteignirent les rives d'un grand cours d'eau sur lequel les attendait un navire. Ce fleuve majestueux était le Nil.

Ali fit entasser ses esclaves dans la cale obscure et sans air du bâtiment.

Quand Mongo vit qu'on ne l'emmenait pas avec eux, il se demanda quel sort lui était réservé ; mais il ne daigna pas interroger le marchand d'esclaves.

Celui-ci d'ailleurs s'approcha de lui et lui dit :

— Mongo, tu es à mes yeux un captif trop précieux pour que j'expose ta vie en te faisant partager le séjour de tes compagnons. Je sais que, dans les conditions les moins défavorables, le quart au moins d'entre eux périra pendant le voyage. Pour toi, je te garderai près de moi dans une cabine secrète attenant à la mienne.

» Si quelque croiseur anglais survenait, je te bâillonnerais pour t'empêcher de pousser des cris. Je te préviens en outre que toute tentative de ta part ayant pour but de faire savoir à nos ennemis la nature du chargement de ce navire entraînerait la mort assurée de tous tes sujets prisonniers. La coque de la cale où ils sont enfermés peut s'ouvrir à volonté et laisser couler au fond du fleuve tous les esclaves à qui j'ai eu soin, dans cette prévision, de faire river au pied un boulet de quinze kilogrammes.

» Comme il y va de ma vie, je n'hésiterai pas à commander cette exécution, tu peux m'en croire sur parole. »

Mongo resta muet et indigné de tant de cruautés ; mais, comprenant la logique écrasante de son bourreau, il supporta stoïquement une situation qu'il lui était impossible de changer.

Le voyage sur le fleuve dura huit jours et huit nuits. Le navire mouilla ses ancres près d'une île déserte, pendant une nuit obscure. Un si grand nombre des captifs avait déjà succombé, que le marchand d'esclaves avait modifié son itinéraire.

Des hommes armés, au nombre d'une cinquantaine, attendaient sur la rive. Ali fit décharger la cargaison humaine qui restait dans les flancs de son navire ; on les forma en masse serrée, tandis que celui qui semblait être le chef des étrangers alla à bord et donna à Ali un papier qu'il signa. C'était un chèque représentant le prix d'achat des esclaves débarqués.

Quant à Mongo, il était resté dans la cabine ; mais bien qu'il entendît la conversation des deux marchands de chair humaine, il ne put les comprendre parce qu'ils parlaient arabe.

Lorsque l'horrible marché fut entièrement conclu, Ali vint ouvrir la porte de la cabine de son royal prisonnier.

— Tu vois, Mongo, dit-il, en quelle haute estime je te tiens, car je viens de vendre tous tes compagnons et je n'ai pu me résoudre à me séparer de toi. Nous allons débarquer à notre tour et prendre la direction des pays lointains où j'ai résolu de te conduire. Il m'est malheureusement impossible de te faire marcher ici avec ton joug et tes entraves. J'aurai soin néanmoins de te mettre dans l'impossibilité soit de t'enfuir, soit d'exercer contre moi les violences que tu rêves.

Ils débarquèrent en effet, et ils trouvèrent des mulets, des ânes, des chevaux et des chameaux qui avaient été amenés là précisément dans le but de permettre à Ali de continuer sa route avec ses compagnons musulmans.

Mongo fut hissé sur un chameau, les mains étroitement liées. Ses jambes et son corps furent solidement amarrés sur sa monture; enfin, pour éviter que son visage noir ne donnât l'éveil aux habitants des lieux qu'ils allaient traverser, on l'enveloppa tout entier dans une grande pièce d'étoffe de laine blanche dans laquelle on fit une légère ouverture pour permettre au captif de respirer. Ainsi affublé, il ressemblait à une femme arabe qu'on emmène dans une caravane.

Ce troisième voyage dura encore vingt jours. Ali évitait de traverser les villes; chaque soir il campait dans quelque plaine déserte, où l'on dressait les tentes et où l'on préparait le couscoussou qui formait la nourriture quotidienne. Les souffrances de l'infortuné Mongo furent immenses; un homme moins énergique y eût succombé: la chaleur étouffante du climat, l'immobilité à laquelle le condamnaient ses liens, la rage sourde qui le minait, le désespoir de ne pouvoir se venger, la vue constante du traître Ali, tout contribuait à faire de lui le plus misérable des êtres.

Quand ils atteignirent le rivage de la mer, il était

devenu inerte et insensible. Il fallut que ses bourreaux le transportassent sur la barque qui les attendait là et qui ne tarda pas à accoster un bâtiment mouillé au large sur lequel ils s'embarquèrent.

Le sort du captif ne fut pas adouci, car il eut à subir les horreurs d'une pénible traversée. Seul le désir de se venger le soutenait dans ses épreuves et il souffrait sans se plaindre, car un pressentiment lui disait que l'heure fatale allait bientôt sonner.

V

Le navire mouilla ses ancres à Calcutta, dans les Indes anglaises. Ali y organisa une immense caravane et ce fut là que, pour la première fois, le roi de Syebo fit connaissance avec un éléphant apprivoisé. Nourri dans les mystères de la religion de ses ancêtres, il avait, dès son enfance, appris à dompter les lions, les tigres, les léopards, les grands singes, les serpents et même les crocodiles ; il savait se faire de ces animaux, qui sont la terreur du vulgaire, des alliés et des serviteurs. Mais dans les forêts africaines où abondent les éléphants sauvages, il n'était jamais venu à l'esprit des rois, ses aïeux, ni au sien, que ce colosse pût devenir un auxiliaire et un ami des hommes. Tous les efforts de ses compatriotes avaient toujours tendu à vaincre et à tuer les éléphants afin de leur enlever ces défenses précieuses auxquelles les blancs attachent un grand prix, et qu'ils allaient échanger contre de riches produits chez les Monboutou et les Niam-Niâm, leurs voisins.

Par ordre du marchand d'esclaves, Mongo fut placé sur le dos d'un éléphant qui répondait au nom d'Andjali. Les liens qui l'attachaient furent visités avec soin. Si ç'avait été un blanc, la foule des serviteurs indiens qui formaient la caravane eût sans doute été étonnée de voir ainsi un homme garrotté, transporté à dos d'éléphant; mais aucun d'eux ne comprenait sa langue et lui-même était totalement étranger à celle qu'ils parlaient.

Nul d'entre eux, d'ailleurs, n'eût jamais songé à s'intéresser à un homme dont la peau était noire et dont la chevelure laineuse seule leur inspirait une telle répulsion qu'ils l'appelaient *Moulouconna*, ou tête de mouton.

L'esclave-roi comprit que ce qui lui importait le plus pour le moment était d'apprendre à parler le langage de ce peuple au milieu duquel il se trouvait malgré lui transporté.

A partir de ce jour, il fut si bien tout oreilles qu'un mois plus tard il s'entretenait assez facilement avec l'Indien Kasiappa, qui servait de cornac à Andjali.

Kasiappa était un être d'une douceur parfaite, mais son étroite intelligence n'allait pas au delà des soins qu'il prenait du noble animal qui les portait sur son épaule. Mongo comprit bien vite qu'il n'avait d'autre service à attendre de cet homme que celui d'étudier avec lui le tamoul, afin de s'en servir tant bien que mal quand il serait arrivé au terme de son voyage forcé.

Il essaya de le convaincre qu'il fallait lui garder le secret sur les progrès qu'il accomplissait à son école. Cette discrétion fut facile à obtenir, car jamais serviteur indien ne se permettrait d'adresser la parole au maître qui le paye et le marchand d'esclaves, de son côté, avait bien autre chose à faire que de venir interroger un vil conducteur d'éléphants.

La route s'accomplissait sans trop de fatigue et le captif étudiait, non sans plaisir, les mœurs de ce peuple hindou, si différent des races africaines au milieu desquelles il était né. La caravane traversait des contrées admirables qui lui rappelaient sa patrie. Là, comme en Afrique, on s'enfonçait dans des forêts de multipliants et de flamboyants couverts de fleurs écarlates.

La nuit, pendant les haltes dans le bengalow, entouré de vérandas en bois de teck, Mongo entendait au loin les cris rauques des tigres et des panthères, les beuglements des buffles, les hurlements plaintifs des chacals et les hurlements lugubres du makara, l'énorme hibou si commun dans les forêts sauvages du pays des Syebo.

Il se disait parfois que si Kasiappa le voulait, il serait bientôt délivré des liens qui le retenaient captif; alors, se laissant glisser le long des flancs d'Andjali, il aurait pu étrangler son ennemi puis s'enfoncer dans les jungles et aller demander aux bêtes fauves l'hospitalité, l'alliance et la bonne foi qu'il n'avait pu trouver chez les hommes.

Loin de l'effrayer, la pensée de se trouver seul dans ces vastes plaines, la plupart du temps marécageuses et couvertes de joncs et de hautes herbes à la tige épaisse, qui dépassaient souvent quatre mètres de hauteur, l'amenait à croire qu'un jour, après avoir satisfait sa vengeance il irait vivre au milieu des tigres dans ces solitudes inabordables.

Cependant, bien que marchant à petites journées, la caravane continuait à avancer vers le nord et arriva enfin au pied d'immenses montagnes qui semblaient se perdre dans le ciel.

Pendant deux journées entières, ils marchèrent en franchissant ces premiers contreforts de la chaîne de l'Himalaya. Mongo apprit alors qu'ils étaient arrivés dans les Etats du maharajah Mouhamed-Yacoub-Sing, seigneur de Mus-Tagh, au nord de la province de Kachemyr, et que c'était là le but du voyage.

Le palais du prince hindou était situé dans une vallée délicieuse, où régnait un éternel printemps. Quand ils se présentèrent au seuil de l'habitation, il fut facile de constater que ceux qu'elle contenait y étaient en fête.

Ali se fit reconnaître et tout le monde mit pied à terre.

Pendant que Kasiappa et et ses collègues, conducteurs d'éléphants, menaient leurs énormes monture dans le quartier réservé à ces animaux, Mongo resta à terre et privé de tout mouvement.

Le marchand d'esclaves s'approcha de lui :

— Voilà l'instant terrible, dit-il d'une voix ironique, où il va falloir nous séparer. Je sais, Mongo, que ton chagrin sera vif, car tu aurais à régler auparavant avec moi un certain compte que tu as fort à cœur. Dans quelques heures nous serons loin l'un de l'autre, et chaque minute mettra une distance plus grande entre ta vengeance et moi.

Le captif ne répondit rien à ces lâches paroles. Ali fit signe à deux de ses serviteurs. Ceux qui ont voyagé dans les pays d'Orient savent qu'aucun hindou n'eût consenti à faire une besogne pour laquelle il n'était pas spécialement engagé ; ceux-là connaissaient donc depuis le départ la tâche qui leur incombait ; ils chargèrent le prisonnier sur leurs épaules, puis, ils le transportèrent, suivant le maître, dans la demeure du maharajah.

Ils pénétrèrent ainsi dans la salle du festin où le chef indou présidait une nombreuse assemblée, assis sur un siège élevé. Mongo fut d'abord frappé de l'air de majesté qui régnait sur son visage et dans toute sa personne. Dès ce moment, sa résolution fut prise et il attendit les événements.

— *Saranai, Menni* (salut homme vénérable), dit Ali en s'inclinant profondément.

— *Salumya* (salut, mon fils), répondit le prince hindou.

Après cet échange de politesses, le marchand d'esclaves fit signe à ses deux serviteurs qui vinrent déposer Mongo garrotté aux pieds du maharajah.

— Qu'est-ce que cette tête de mouton? demanda celui-ci en regardant le noir avec le plus suprême dédain.

— Magnanime seigneur, reprit l'Arabe, Ali n'a pas oublié qu'il vous doit la fortune et la vie ; il vous a entendu formuler le désir de posséder comme esclave un roi ou un fils de roi ; désirant s'acquitter envers vous, il a juré de satisfaire cette fantaisie de Votre Altesse et il vient aujourd'hui remettre en vos mains Mongo, le roi de la puissante nation de Syebo.

— Qui me répondra de la vérité de ton affirmation et qui me prouve que cet homme est bien de race royale? demanda le prince hindou.

— Que votre Altesse daigne regarder le front de

l'esclave que je lui amène ; elle y verra gravée l'image du serpent corail : c'est la marque ineffaçable, tatouée dès l'enfance sur le front de tous ceux de la race galla qui sont destinés à régner. Ce collier de coquillages précieux qui orne son cou est le signe du commandement suprême, et Mongo n'a pu s'en faire une parure qu'en l'enlevant au cou de son père quelques instants après la mort du vieux roi. A son bras, j'ai laissé aussi le bracelet sacré, signe du pouvoir que s'attribue Mongo de commander à tous les animaux de la création.

» Si ces preuves ne peuvent vous suffire, j'invoquerai encore le témoignage de mes dix serviteurs arabes qui tous ont participé à la capture du roi nègre et qui viendront vous jurer sur le Coran, notre livre sacré, que mes paroles sont l'expression de la vérité.

» Grand prince, ajouta humblement le marchand d'esclaves, Mongo, comme tous les princes de sa race, a un caractère indomptable ; il a juré par le fétiche de ses pères qu'il me ferait payer de la vie la victoire que j'ai remportée sur lui et l'esclavage où je l'ai réduit. Je ne me croirai en sûreté que lorsque les mers auront mis entre nous une infranchissable barrière.

— Diable! dit en souriant le prince hindou, si ton Mongo est tel que tu le dis, c'est un cadeau bien dangereux que tu me fais là. Qui me garantit qu'il ne reportera pas sur moi la haine implacable qu'il t'a vouée et que je n'aurai pas à payer moi-même de ma vie la trahison dont, sans doute, suivant ton habitude, tu as usé pour t'emparer de lui ?

Malgré les liens étroits qui paralysaient les mouvements de Mongo, il se souleva à demi sur ses coudes, puis, à la grande terreur du marchand d'esclaves, il prit en ces termes la parole en langage tamoul :

— Grande lumière des peuples, seigneur de la justice, puissant souverain des pays montagneux, daigne écouter ton humble esclave. Jamais mes lèvres ne se sont souillées d'un mensonge et ma parole engagée est sacrée. Le traître Ali ne t'a pas menti quand il t'a dit que j'étais, il y a quatre lunes environ, le roi d'un peuple puissant et prospère ; ce qu'il a omis de te dire, c'est par quelle abominable série de trahisons il a emmené mes sujets en esclavage et m'a réduit moi-même à l'état dans lequel tu me vois.

Ali voulut parler, mais, d'un geste souverain, Mouhamed-Yacoub-Sing lui imposa silence.

— Mongo, continue, dit-il.

— J'ai juré, dit le roi captif, par les fétiches que vénéraient mes ancêtres, que le perfide Ali payerait de sa vie son abominable trahison. Rien au monde, ô prince souverain, ô mon nouveau maître, même l'ordre formel que tu m'en donnerais, ne saurait me faire renoncer à ma résolution. Tant qu'un souffle animera mon corps, je n'aurai d'autre but que la vengeance. Quant à toi, ô prince magnanime, tu n'as rien à craindre de Mongo. Il connaît les lois de la guerre et sait se soumettre aux décrets de la destinée. Je suis ton esclave dévoué jusqu'au jour où tu croiras devoir me rendre ma liberté.

La parole du roi syebo était encore fort incorrecte et sa science dans la langue tamoul encore fort limitée : son discours, émaillé de fautes, fit sourire les auditeurs ; néanmoins les pensées qu'il exprimait furent comprises par le maharajah qui, s'adressant à son voisin de gauche :

— Ami Scha-Schouja, dit-il, va compter un lac de roupies (deux cent quarante mille francs) que tu remettras au marchand arabe ; et toi, Cheyr-Sing, mon fils, tranche les liens qui paralysent cet esclave.

Ali, en entendant cet ordre, manifesta une vive terreur. Il voulut parler, mais le prince hindou l'arrêta.

— Tais-toi, dit-il avec autorité.

Le traître voulut s'enfuir de la salle du festin, mais Scha-Schouja, le mehmandar ou régisseur du palais, fit un geste et les gardes placés à la porte en interdirent le passage au fugitif.

Le fils du maharajah se leva de table et, armé d'un couteau à lame courte, mais admirablement affilée, il se pencha sur Mongo et coupa les cordages qui le retenaient.

Dès que l'esclave-roi fut libre, semblable à une panthère blessée, il se releva d'un bond terrible, prit sur la table le propre couteau du maharajah et, s'élançant sur le marchand d'esclaves, il le saisit à la gorge d'une main, tandis que, de l'autre, il lui plongea la lame dans le cœur.

Le prince hindou, témoin impassible de ce drame, s'écria en voyant tomber le traître Ali :

— Mongo, tu viens de prouver, mieux que par des paroles, que tu es bien de race royale. C'est à toi que Scha-Schouja comptera le lac de roupies dont je voulais gratifier Ali. A partir de maintenant tu es libre et je te considère, non comme mon esclave, mais comme mon hôte.

FIN

TABLE

Les derniers Peaux-Rouges. 5
Les mystères des pêcheurs de baleines. 65
Le naufrage de la « Jeannette » 111
L'épopée du « Polaris » à travers les glaces. . . . 143
Chez les Patagons 155
Le trésor des ancêtres. 177
La vengeance d'un noir 203

ÉMILE COLIN -- IMPRIMERIE DE LAGNY

AUTEURS CÉLÈBRES
à 60 centimes le volume.
En jolie reliure spéciale à la collection 1 fr. le volume.
Envoi franco contre mandat ou timbres-poste.
CHAQUE OUVRAGE EST COMPLET EN UN VOLUME

VICTOR HUGO. *Légende du beau Pécopin et de la belle Bauldour.*
1. CAMILLE FLAMMARION. . *Lumen.*
2. ALPHONSE DAUDET. . . . *La Belle-Nivernaise.*
3. ÉMILE ZOLA. . . . . . . *Thérèse Raquin.*
4. HECTOR MALOT. . . . . *Une Bonne Affaire.*
5. ANDRÉ THEURIET. . . . *Le Mariage de Gérard.*
6. L'ABBÉ PRÉVOST. . . . *Manon Lescaut.*
7. EUGÈNE CHAVETTE. . . . *La Belle Alliette.*
8. G. DUVAL. . . . . *Le Tonnelier.*
9. MARIE ROBERT-HALT. . . *Hist. d'un Petit Homme* (ouvr. cour.)
10. B. DE SAINT-PIERRE. . . *Paul et Virginie.*
11. CATULLE MENDÈS. . . . *Le Roman Rouge.*
12. ALEXIS BOUVIER. . . . . *Colette.*
13. LOUIS JACOLLIOT. . . . *Voyage aux Pays Mystérieux.*
14. ADOLPHE BELOT. . . . . *Deux Femmes.*
15. JULES SANDEAU. . . . . *Madeleine.*
16. LONGUS. . . . . *Daphnis et Chloé.*
17. THÉOPHILE GAUTIER. . . *Jettatura.*
18. JULES CLARETIE. . . . . *La Mansarde.*
19. LOUIS NOIR. . . . . . . *L'Auberge Maudite.*
20. LÉOPOLD STAPLEAUX. . . *Le Château de la Rage.*
21. HECTOR MALOT. . . . . *Séduction.*
22. MAURICE TALMEYR. . . . *Le Grisou.*
23. GŒTHE. . . . . *Werther.*
24. ED. DRUMONT. . . . . . *Le Dernier des Trémolin.*
25. VAST-RICOUARD. . . . . *La Sirène.*
26. G. COURTELINE. . . . . *Le 51ᵉ Chasseurs.*
27. ESCOFFIER. . . . . . . *Troppmann.*
28. GOLDSMITH. . . . . . . *Le Vicaire de Wakefield.*
29. A. DELVAU. . . . . . . *Les Amours buissonnières.*
30. E. CHAVETTE. . . . . . *Lilie, Tutue, Bebeth.*
31. ADOLPHE BELOT. . . . . *Hélène et Mathilde.*
32. HECTOR MALOT. . . . . *Les Millions honteux.*
33. XAVIER DE MAISTRE. . . *Voyage autour de ma Chambre.*
34. ALEXIS BOUVIER. . . . . *Le Mariage d'un Forçat.*
35. TONY RÉVILLON. . . . . *Le Faubourg Saint-Antoine.*
36. PAUL ARÈNE. . . . . . . *Le Canot des six Capitaines.*
37. CH. CANIVET. . . . . . *La Ferme des Gohel.*
38. CH. LEROY. . . . . . . *Les Tribulations d'un Futur.*
39. SWIFT. . . . . *Voyages de Gulliver.*
40. RENÉ MAIZEROY. . . . . *Souvenirs d'un Officier.*
41. ARSÈNE HOUSSAYE. . . . *Lucia.*
42. *La Chanson de Roland.*
43. PAUL BONNETAIN. . . . *Au Large.*
44. CATULLE MENDÈS. . . . *Pour lire au Bain.*
45. ÉMILE ZOLA. . . . . . . *Jacques Damour.*
46. JEAN RICHEPIN. . . . . *Quatre petits Romans.*
47. ARMAND SILVESTRE. . . *Histoires Joyeuses.*
48. PAUL DHORMOYS. . . . . *Sous les Tropiques.*
49. VILLIERS DE L'ISLE-ADAM *Le Secret de l'Échafaud.*
50. ERNEST DAUDET. . . . . *Jourdan Coupe-Tête.*
51. CAMILLE FLAMMARION, *Rêves étoilés.*
52. MADAME J. MICHELET. . *Mémoires d'une Enfant.*
53. THÉOPHILE GAUTIER. . . *Avatar.* — *Fortunio.*
54. CHATEAUBRIAND . . . *Atala. René, Dernier Abencérage.*

55.	IVAN TOURGUENEFF	Récits d'un Chasseur.
56.	L. JACOLLIOT	Le Crime du Moulin d'Usor.
57.	P. BONNETAIN	Marsouins et Mathurins.
58.	A. DELVAU	Mémoires d'une Honnête Fille.
59.	RENÉ MAIZEROY	Vavaknoff
60	GUÉRIN-GINISTY	La Fange.
61.	ARSÈNE HOUSSAYE	Madame Trois-Etoiles.
62.	CHARLES AUBERT	La Belle Luciole.
63.	MIE D'AGHONNE	L'Ecluse des Cadavres.
64.	GUY DE MAUPASSANT	L'Héritage.
65.	CATULLE MENDÈS	Monstres parisiens (nouv. série).
66.	CH. DIGUET	Moi et l'Autre (ouv. couronné).
67.	L. JACOLLIOT	Vengeance de Forçats.
68.	HAMILTON	Mémoires du Chev. de Grammont.
69.	MARTIAL MOULIN	Nella.
70.	CHARLES DESLYS	L'Abîme.
71.	FRÉDÉRIC SOULIÉ	Le Lion Amoureux.
72.	HECTOR MALOT	Les Amours de Jacques.
73.	EDGAR POÉ	Contes extraordinaires.
74.	EDOUARD BONNET	La Revanche d'Orgon.
75.	THÉO-CRITT	Le Sénateur Ignace.
76.	ROBERT-HALT	Brave Garçon.
77.	JEAN RICHEPIN	Les Morts bizarres.
78.	TONY RÉVILLON	Noémi. La Bataille de la Bourse
79.	TOLSTOI	Le Roman du Mariage.
80.	FRANCISQUE SARCEY	Le Siège de Paris.
81.	HECTOR MALOT	Madame Obérnin.
82.	JULES MARY	Un coup de Revolver.
83.	GUSTAVE TOUDOUZE	Les Cauchemars
84.	STERNE	Voyage Sentimental.
85.	MARIE COLOMBIER	Nathalie.
86.	TANCRÈDE MARTEL	La Main aux Dames.
87.	ALEXANDRE HEPP	L'Amie de Madame Alice.
88.	CLAUDE VIGNON	Vertige.
89.	ÉMILE DECBEAUX	La Petite Mendiante.
90.	CHARLES MÉROUVEL	Caprice des Dames.
91.	MADAME ROBERT HALT	La Petite Lazare.
92.	ANDRÉ THEURIET	Lucile Désenclos. — Une Ondine.
93.	EDGAR MONTEIL	Jean des Galères.
94.	CATULLE MENDÈS	Le Cruel Berceau.
95.	SILVIO PELLICO	Mes Prisons.
96.	MAXIME RUDE	Une Victime de Couvent.
97.	MAUR. JOGAND (Marc-Mario)	L'Enfant de la Folle.
98.	EDOUARD SIEBECKER	Le Baiser d'Odile.
99.	VALLERY-RADOT	Journal d'un Volontaire d'un an (ouv. c.)
100.	VOLTAIRE	Zadig. — Candide. — Micromégas.
101.	CAMILLE FLAMMARION	Voyages en Ballon.
102.	**LONGUEVILLE**	**Jeux de Cartes.**
103.	ÉMILE ZOLA	Nantas.
104.	MADAME LOUIS FIGUIER	Le Gardian de la Camargue.
105.	ALEXIS BOUVIER	Les Petites Ouvrières.
106.	GABRIEL GUILLEMOT	Maman Chautard.
107.	JEHAN SOUDAN	Histoires américaines (illustrées).
108.	GASTON D'HAILLY	Fleur de pommier.
109.	IVAN TOURGUENEFF	Premier Amour.
110.	OSCAR MÉTÉNIER	La Chair.
111.	GUY DE MAUPASSANT	Histoire d'une Fille de Ferme.
112.	LOUIS BOUSSENARD	Aux Antipodes.
113.	PROSPER VIALON	L'Homme au Chien muet.
	CATULLE MENDÈS	Pour lire au Couvent.
	MIE D'AGHONNE	L'Enfant du Fossé.
116.	ARMAND SILVESTRE	Histoires folâtres.
117.	DOSTOIEWSKY	Ame d'Enfant.
118.	ÉMILE DE MOLÈNES	Pâlotte.
119.	ARSÈNE HOUSSAYE	Les Larmes de Jeanne.
120.	ALBERT CIM	Les Prouesses d'une Fille.
121	HECTOR MALOT	Le Mari de Charlotte.
122.	ÉMILE ZOLA	La Fête à Coqueville

123.	CHAMPFLEURY.	*Le Violon de faïence.*
124.	A. EXCOFFON.	*Le Courrier de Lyon.*
125.	LÉON CLADEL.	*Crête-Rouge.*
126.	MAXIME RUDE.	*Le Roman d'une Dame d'honneur.*
127.	PIGAULT-LEBRUN.	*Monsieur Botte.*
128.	CH. AUBERT.	*La Marieuse.*
129.	C. CASSOT.	*La Vierge d'Irlande.*
130.	CHARLES MONSELET.	*Les Ruines de Paris.*
131.	ALPHONSE DAUDET.	*Les Débuts d'un Homme de Lettres.*
132.	LOUIS NOIR.	*La Vénus cuivrée.*
133.	ALPHONSE DE LAUNAY.	*Mademoiselle Mignon.*
134.	ALFRED DELVAU.	*Le grand et le petit Trottoir.*
135.	MARC DE MONTIFAUD.	*Héloïse et Abailard.*
136.	TONY RÉVILLON.	*L'Exilé.*
137.	AD. BELOT & E. DAUDET.	*La Vénus de Gordes.*
138.	PAUL SAUNIÈRE.	*Vif-Argent.*
139.	Mme JUDITH GAUTIER.	*Les Cruautés de l'Amour.*
140.	DUBUT DE LAFOREST.	*Belle-Maman.*
141.	PAUL ARÈNE.	*Nouveaux Contes de Noël.*
142.	ARSÈNE HOUSSAYE.	*La Confession de Caroline.*
143.	ALEXIS BOUVIER.	*Mademoiselle Beau-Sourire.*
144.	CHARLES LEROY.	*Le Capitaine Lorgnegrut.*
145.	L. BOUSSENARD.	*10.000 ans dans un bloc de glace.*
146.	ÉLIE BERTHET.	*Le Mûrier blanc.*
147.	F. CHAMPSAUR.	*Le Cœur.*
148.	RENÉ MAIZEROY.	*Souvenirs d'un Saint-Cyrien.*
149.	GUÉRIN-GINISTY.	*Les Rastaquouères.*
150.	AURÉLIEN SCHOLL.	*Peines de cœur.*
151.	CAMILLE FLAMMARION.	*L'Eruption du Krakatoa.*
152.	ALEXANDRE DUMAS.	*La Marquise de Brinvilliers.*
153.	G. COURTELINE.	*Madelon, Margot et Cie.*
154.	CATULLE MENDÈS.	*Pierre le Véridique*, roman.
155.	CH. DESLYS.	*Les Buttes Chaumont.*
156.	AD. BELOT ET J. DAUTIN.	*Le Secret terrible.*
157.	GASTON D'HAILLY.	*Le Prix d'un Sourire.*
158.	MAXIME DU CAMP.	*Mémoires d'un Suicidé.*
159.	RENÉ MAIZEROY.	*La Dernière Croisade.*
160.	POUCHKINE.	*Doubrovsky.*
161.	HENRI MURGER.	*Le Roman du Capucin.*
162.	LUCIEN BIART.	*Benito Vasquez.*
163.	BENJAMIN CONSTANT.	*Adolphe.*
164.	MADAME LOUIS FIGUIER.	*Les Fiancés de la Gardiole.*
165.	ARMAND SILVESTRE.	*Maïma.*
166.	VAST-RICOUARD.	*Madame Lavernon.*
167.	ALEXIS BOUVIER.	*Les Pauvres.*
168.	JULES GROS.	*Un Volcan dans les Glaces.*
169.	ALFRED DELVAU.	*Du Pont des Arts au Pont de Kl..*
170.	VICTOR MEUNIER.	*L'Esprit et le Cœur des Bêtes.*
171.	ADOLPHE BELOT.	*Le Pigeon.*
172.	NIKOLAI GOGOL.	*Les Veillées de l'Ukraine.*
173.	JULES MARY.	*Un Mariage de confiance.*
174.	LÉON TOLSTOI.	*La Sonate à Kreutzer.*
175.	SÉVIGNÉ (Mme DE).	*Lettres choisies.*
176.	FERDINAND DE LESSEPS.	*Les Origines du Canal de Suez.*
177.	LÉON GOZLAN.	*Le Capitaine Maubert.*
178.	CH. D'ARCIS.	*La Correctionnelle pour rire.*
179.	ERNEST DAUDET.	*Le Crime de Jean Malory.*
180.	ARMAND SILVESTRE.	*Rose de Mai.*
181.	ÉMILE ZOLA.	*Madeleine Férat.*
182.	PAUL MARGUERITTE.	*La Confession posthume.*
183.	PIERRE ZACCONE.	*Seuls !*
184.	BEAUTIVET.	*La Maîtresse de Mazarin.*
185.	EDOUARD LOCKROY.	*L'Ile révoltée.*
186.	ALEXIS BOUVIER.	*Les Petites Blanchisseuses.*
187.	ARSÈNE HOUSSAYE.	*Julia.*
188.	ALEXANDRE POTHEY.	*La Fève de Saint-Ignace.*
189.	ADOLPHE BELOT.	*Le Parricide.*
190.	EUGÈNE CHAVETTE.	*Procès Pictompix.*

191. PIERRE BRÉTIGNY . . . *La Petite Gabi.*
192. ALEXANDRE DUMAS. . . *Les Massacres du Midi*
193. RENÉ DE PONT-JEST. . . *Divorcée.* A. Silvestre].
194. P. GINISTY. . . . . . . *La Seconde Nuit* (rom bouffe. Préf. par
195. PIERRE MAËL. . . . . . *Pilleur d'Épaves* (mœurs maritimes).
196. CATULLE MENDÈS. . . . *Jupe Courte.*
197. NIKOLAI GOGOL. . . . . *Tarass Boulba.*
198. CH. CHINCHOLLE. . . . *Le Vieux Général.*
199. PIER. NEWSKY (DE CORVIN). *Le Fauteuil Fatal.*
200. LOUIS JACOLLIOT. . . . *Les Chasseurs d'Esclaves.*
201. CAMILLE FLAMMARION. . *Copernic et le système du monde.*
202. Mme DE LA FAYETTE. . . *La princesse de Clèves.*
203. ADOLPHE BELOT. . . . . *Dacolard et Lubin.*
204. D. PEDRO DE ALARCON. . *Un Tricorne.*
205. LOUIS NOIR. . . . . . . *Un Tueur de Lions.*
206. ALFRED SIRVEN. . . . . *La Linda.*
207. CH. DICKENS, WILKIE COLLINS, G. A. SALA, E. C. GASKELL, HESBA SHETTON & ADÉLAIDE PROCTER. *La Maison hantée.* (Contes de Noël).
208. HECTOR MALOT. . . . . *Vices français.*
209. PIERRE MAËL. . . . . . *Le Torpilleur 29.*
210. JULES GROS. . . . . . . *L'Homme fossile.*
211. CATULLE MENDÈS. . . . *Jeunes filles.*
212. IVAN TOURGUENEFF. . . *Devant la Guillotine.*
213. ALFRED SIRVEN. . . . . *Etiennette.*
214. Mlle ROUSSEIL. . . . . *La Fille d'un Proscrit.*
215. PAUL LHEUREUX. . . . . *P'tit Chéri* (Histoire parisienne).
216. LOUIS MULLEM. . . . . *Contes d'Amérique.*
217. ERNEST DAUDET. . . . . *Le Lendemain du péché.*
218. MIE D'AGHONNE. . . . . *Les Aventurières.*
219. PAUL ALEXIS. . . . . . *Les Femmes du père Lefèvre.*
220. ALFRED DELVAU. . . . . *A la porte du Paradis.*
221. ALEXANDRE DUMAS. . . *Les Borgia.*
222. BERTOL-GRAIVIL. . . . *Dans un Joli Monde* { (Les deux
223. BERTOL-GRAIVIL. . . . *Venge ou Meurs* { Criminels).
224. ALFRED BONSERGENT. . *Monsieur Thérèse.*
225. CHARLES DESLYS . . . . *L'Aveugle de Bagnolet.*
226. GEORGE DE PEYREBRUNE *Jean Bernard.*
227. OSCAR MÉTÉNIER. . . . *Myrrha-Maria.*
228. G. COURTELINE. . . . . *Les Facéties de Jean de la Butte.*
229. L. BOUSSENARD. . . . . *Chasseurs Canadiens.*
230. YVES GUYOT. . . . . . . *Un Fou.*
231. ALEXANDRE DUMAS. . . *Marie Stuart.*
232. TANCRÈDE MARTEL. . . *La Parpaillotte.*
233. THÉO-CRITT. . . . . . . *Le Régiment où l'on s'amuse.*
234. CATULLE MENDÈS. . . . *Isoline.*
235. ALFRED DELVAU. . . . . *Les Cocottes de mon Grand-Père.*
236. JEAN REIBRACH. . . . . *La Femme à Pouillot.*
237. GEORGES COURTELINE . *Boubouroche.*
238. DANTE. . . . . *L'Enfer.*
239. EDOUARD MONTAGNE. . *La Bohème camelotte.*
240. CHARLES DICKENS. . . . *La Terre de Tom Tiddler.*
241. FRANCIS ENNE & FERNAND DELISLE. *La Comtesse Dynamite.*
242. ERNEST NOIROT. *A Travers le Fouta-Diallon et le Bambouc.*
243. JULES MARY. . . . . . . *Le Boucher de Meudon.*
244. PIERRE DELCOURT. . . . *Le Secret du Juge d'Instruction.*
245. ISMAËL HUCHER. . . . . *La Belle Madame Payol.*
246. E. A. SPOLL. . . . . . . *Le Secret des Villiers.*
247. LOUIS JACOLLIOT. . . . *Voyage sur les rives du Niger.*
248. JEAN AICARD. . . . . . *Le Pavé d'amour.*
249. GÉRARD DE NERVAL. . . *Les Filles de feu.*
250. CATULLE MENDÈS. . . . *L'Art d'aimer.*
251. CAMILLE FLAMMARION. . *Clairs de Lune.*
252. G. COURTELINE. . . . . *Ombres parisiennes.*
253. CASANOVA. . . . . . . *Sous les Plombs.*
254. ALFRED DELVAU. . . . . *Miss Fauvette.*
255. ÉMILE G . . . .

AVIS DE L'ÉDITEUR

Le but de la collection des *Auteurs célèbres*, à **60** *centimes* le volume, est de mettre entre toutes les mains de bonnes éditions des meilleurs écrivains modernes et contemporains.

Sous un format commode et pouvant en même temps tenir une belle place dans toute bibliothèque, il paraît chaque quinzaine un volume.

CHAQUE OUVRAGE EST COMPLET EN UN VOLUME

POUR LES Nos 1 A 275, DEMANDER LE CATALOGUE SPÉCIAL

276. Bosquet (E.), **Le Roman des Ouvrières.**
277. Perret (Paul), **La Fin d'un Viveur.**
278. Laurent (Albert), **La Bande Michelou.**
279. Cahu (Théodore), **Combat d'Amours.**
280. Veber (Pierre), **L'Innocente du Logis.**
281. Theuriet (André), **Contes tendres.**
282. Coquelin Cadet, **Le Livre des convalescents.**
283. Silvestre (Armand), **Histoires gaies.**
284. Lano (Pierre de), **Jules Fabien.**
285. Durieu (L.), **Ces bons petits collèges.**
286. Janin (J.), **Contes.**
287. Cazotte (J.), **Le Diable Amoureux.**
288. Lheureux (Paul), **Le Mari de Mademoiselle Gendrin.**
289. Leroy (Charles), **Un Gendre à l'essai.**
290. Martial-Moulin, **Le Curé Comballuzier.**
291. Auriol (Georges), **Contez-nous ça !**
292. Henri Rochefort, **L'Aurore boréale.**
293. Silvestre (Armand), **Les Cas difficiles.**
294. Janin (Jules), **Nouvelles.**
295. Hoffmann, **Contes fantastiques.**
296. Eusebio Blasco, **Une Femme compromise.**
297. Gros (Jules), **Les Derniers Peaux-Rouges.**
298. D'Arcis (Ch.), **La Justice de ix amusante.**
299. Tolstoï (Léon), **Premiers Souvenirs,** *Maître et Serviteur*
300. Tony Révillon, **Les Dames de Neufve-Eglise.**
301. Camille Flammarion, **Qu'est-ce-que le Ciel ?**

En jolie reliure spéciale à la collection, 1 fr. le vol

(ENVOI FRANCO CONTRE MANDAT OU TIMBRES

PARIS. — IMPRIMERIE E. FLAMMARION, RUE RACINE, 26.

www.ingramcontent.com/pod-product-compliance
Lightning Source LLC
Chambersburg PA
CBHW062233180426
43200CB00035B/1721